Britta Baier

Die lyrische Form und das metaphysische Konzept Brochs in dem Roman "Die Verzauberung"

Bachelor + Master
Publishing

Baier, Britta: Die lyrische Form und das metaphysische Konzept Brochs in dem Roman "Die Verzauberung", Hamburg, Bachelor + Master Publishing 2013
Originaltitel der Abschlussarbeit: Funktionen der gebundenen Rede in Hermann Brochs Roman "Die Verzauberung"

Buch-ISBN: 978-3-95549-106-2
PDF-eBook-ISBN: 978-3-95549-606-7
Druck/Herstellung: Bachelor + Master Publishing, Hamburg, 2013
Zugl. Universität des Saarlandes, Saarbrücken, Deutschland, Staatsexamensarbeit, Juli 2012

Bibliografische Information der Deutschen Nationalbibliothek:
Die Deutsche Nationalbibliothek verzeichnet diese Publikation in der Deutschen Nationalbibliografie; detaillierte bibliografische Daten sind im Internet über http://dnb.d-nb.de abrufbar.

© Bachelor + Master Publishing, Imprint der Diplomica Verlag GmbH
Hermannstal 119k, 22119 Hamburg
http://www.diplomica-verlag.de, Hamburg 2013
Printed in Germany

Inhaltsverzeichnis

I. Einleitung - Hinführung zur zentralen Fragestellung

Der Roman *Die Verzauberung* teilt wie kein zweites Werk des österreichischen Autors Hermann Broch die Meinungen seiner Leserschaft innerhalb und außerhalb der Forschung. Der Roman bleibt in seiner Popularität hinter der drei Jahre zuvor abgeschlossenen Romantrilogie *Die Schlafwandler* und noch weiter hinter Brochs berühmtestem Roman *Der Tod des Vergil* zurück. Die Rezeption schlägt sich auch in der Verteilung des Forschungsinteresses nieder, was sich an konkreten Zahlen belegen lässt: So verzeichnet die Bibliographie der deutschen Sprach- und Literaturwissenschaft zum *Tod des Vergil* 70 Einträge, zur *Schlafwandler-Trilogie* 93 Einträge und zur *Verzauberung* nur 24 Einträge. Gründe für die geringe Resonanz liegen sowohl auf inhaltlicher als auch formaler Ebene. Julia Mansour bezeichnet in ihrem Aufsatz den „Denk- und Darstellungsstil" Brochs in der *Verzauberung* als „befremdlich, nicht selten unzugänglich".[1] Michael Winkler hält die Verbindung der zu zahlreichen „Erzählaspekte" (religiös, mythologisch und politisch-massenpsychologisch) und „Erzählelemente" (märchen-, chronik- und mythenhaft) sogar für ein erzähltechnisches Problem, das überhaupt nicht mehr lösbar sei, und beurteilt den Roman daher als gescheitertes Experiment.[2] Nicht nur die Interpreten, auch der Autor selbst haderte immer wieder mit seinem Roman, dessen Erstfassung aus dem Jahr 1935 unmittelbar die Arbeit an zwei weiteren, allerdings fragmentarisch gebliebenen Fassungen folgte.[3] Ursprünglich wie *Pasenow oder die Romantik* als erster Teil einer Trilogie unter dem Arbeitstitel *Demeter* geplant, blieb die *Verzauberung* durch den Tod Brochs 1951 der einzig verwirklichte Teil der geplanten Romanreihe. Wissenschaftliche Untersuchungen beziehen sich, so auch die vorliegende, in der Regel auf die erste Romanfassung, da sie diese als die einzige vom Autor legitimierte ansehen. Zu den umstrittensten Ausgaben gehört die als erste veröffentlichte von Felix Stössinger unter dem Titel *Der Versucher*, die eine philologisch nicht mehr nachvollziehbare Synthese aller drei Romanfassungen darstellt.[4] Die erzähltechnischen und inhaltlichen Probleme, die den Autor dazu veranlassten, seinen Roman immer wieder zu überarbeiten, sind aufgrund seiner umfangrei-

---

[1] Mansour, Julia: „Auf dem goldenen Grund aller Finsternis" – Erkenntnis-, Handlungs- und Seinsgründe in Hermann Brochs *Die Verzauberung*. In: Monatshefte für deutschsprachige Literatur und Kultur 100 (2008). S. 88.
[2] Vgl. Winkler, Michael: Die Struktur von Hermann Brochs *Verzauberung*. Anmerkungen zu den erzähltechnischen Problemen des Romans. In: Brochs *Verzauberung*. Hg. von Paul Michael Lützeler. Frankfurt 1983. S. 128 f.
[3] Vgl. z.B. Schmidt-Dengler, Wendelin: Hermann Brochs Roman *Die Verzauberung* (1935). In: Ohne Nostalgie. Hg.v. Schmidt-Dengler, Wendelin. Wien 2002. S. 144 („Die Krisen eines Berg- und Bauernromans").
[4] Broch, Hermann: Der Versucher. Aus dem Nachlass herausgegeben und mit einem Nachwort versehen von Felix Stössinger. Zürich 1953.

chen Briefkorrespondenz ungewöhnlich gut nachvollziehbar.[5] Teilweise lassen sie sich bereits anhand der umfassenden Zielsetzung des Autors für sein Werk erahnen. Mit der *Verzauberung* verfolgte Broch seinen eigenen Aussagen nach das Ziel, ein „großes religiöses Buch" zu schaffen,[6] das gleichzeitig von der Form des Mythos partizipieren und die in Brochs Konzept vorhandene metaphysische Qualität der Dichtung selbst transportieren soll. Diese Zielsetzung ist aus gesellschaftshistorischen Ereignissen, kunstgeschichtlichen Beeinflussungen und weltanschaulichen Überzeugungen des Autors erwachsen. Die Kriegseindrücke lassen Broch zu dem Schluss kommen, dass durch die sich zerstörende Welt an die Kunst eine neue Totalitätsforderung gestellt wird:

> Joyce war der erste, welcher in aller Deutlichkeit erkannt hat, [...] daß der Umbruch der Welt auch einen Umbruch des Dichterischen [...] erfordert, und daß es um eine ganz andere und neue Art der Totalität geht, als je zuvor.[7]
>
> [U]m ihr zu genügen, benötigt der Roman eine Vielschichtigkeit, zu deren Etablierung die alte naturalistische Technik sicherlich nicht ausreicht: der Mensch in seiner Ganzheit soll dargestellt werden, die ganze Skala seiner Erlebnismöglichkeiten, angefangen von den physischen und gefühlsmäßigen bis hinauf zu den moralischen und metaphysischen.[8]

Diese Totalität kann inhaltlich nach Broch nur durch eine Rückwendung zum Religiösen erreicht werden:

> Alles, was geschieht, [ist] ein Ringen um die neue Religiosität, und diese ist wahrscheinlich auch das Einzige, was den Menschen jetzt wahrhaft interessiert.[9]

Immens durch den Eindruck beeinflusst, den James Joyces *Ulysses* bei ihm hinterlassen hat, erklärt Broch den Mythos zu der Form, die sowohl dem neuen Totalitätsanspruch an die Kunst, als auch der Sehnsucht nach Religiosität gerecht werden kann:

> [E]ine Welt, die sich selbst zersprengt, läßt sich nicht mehr abkonterfeien, aber da ihre Verwüstung aus den tiefsten Wurzeln der Menschennatur stammt, ist es diese, welche in all ihrer

---

[5] Siehe hierzu: Brochs Verzauberung. Hg. von Paul Michael Lützeler. Frankfurt 1983. S. 37-95 Briefliche Kommentare.
[6] Lützeler (1983), S. 240.
[7] Briefe. Gesammelte Werke Band 8. Hg. v. Robert Pick. Zürich 1957. S. 102.
[8] Aus dem Entstehungsbericht der *Schuldlosen*. In: Loos, Beate: Mythos Zeit und Tod. Zum Verhältnis von Kunsttheorie und dichterischer Praxis in Hermann Brochs Bergroman. Frankfurt a.M. 1971. S. 23.
[9] Briefe I (1913-1938). Dokumente und Kommentare zu Leben und Werk. Hg. v. Michael Lützeler. Frankfurt 1981. S. 238.

Nacktheit, in ihrer Größe wie in ihrer Erbärmlichkeit dargestellt werden muss-, und das eben ist eine bereits mythische Aufgabe.[10]

Schließlich erfährt der Begriff der Dichtung selbst in Brochs Denkkonzept eine Mystifizierung:

> Von solch doppeltem Grundbestand des Menschenseins bedingt, vollzieht sich in Mythos und Logos das Erfassen der Welt: sie sind die beiden Urbilder von Inhalt und Form […], und eben darum sind sie im menschlichsten aller menschlichen Phänomene, […] in aller Sprachstruktur wundersam ineinandergespiegelt und zu wundersamer Einheit gebracht.[11]

Dieses gedankliche Konstrukt bedingt also die besondere literarische Gestaltung der *Verzauberung*, auf die Mansour und Winkler mit ihrem Urteil Bezug nehmen. Bereits an den wenigen Zitaten wird deutlich, was Loos als „hervorstechendes Kriterium moderner Poesie" bezeichnet: Die enge gegenseitige Verwebung von ästhetischer Theorie und Werk. In Brochs Fall - und gerade am Beispiel der *Verzauberung* - wird diese Wechselwirkung evident. Die Kenntnis über Brochs kunstästhetisches Konzept ist für dieses Werk geradezu als Schlüssel zur Erkenntnis zu bezeichnen, ohne den der Zugang verwehrt bleiben muss - was ein weiterer Grund für die geringe Popularität des Werks sein kann. Andererseits ermöglichen Brochs verständliche Darlegung sowie die Konstanz des metaphysischen Modells auch einen schnellen Einstieg in eben dieses Konzept. Drei Schriften des ersten Essaybandes seien an dieser Stelle empfohlen: *James Joyce und die Gegenwart, Die mythische Erbschaft der Dichtung* sowie *Das Böse im Wertsystem der Kunst.*[12] Natürlich wird auch die vorliegende Arbeit versuchen, die Grundpfeiler der Theorie verständlich zu machen, durch starke Raffung und Auslassungen kann sie jedoch sicher nicht die innere Konsistenz bewahren, die jene im Original besitzt.

In der Forschung wird die *Verzauberung* zu einem großen Teil anhand zweier populär gewordener Deutungsansätze interpretiert: Unter historischer Perspektive als symbolisch-parabelhafter, antifaschistischer Roman oder geistesgeschichtlich als religiös-mythischer Roman. Aber auch detailliertere Aspekte des Textes sind bereits Gegenstand von Untersuchungen geworden, beispielsweise das Leitlexem „Grund" in seinen verschiedenen Facetten in Julia Mansours Aufsatz *Auf dem goldenen Grund aller Finsternis*, oder die diffuse Qualität der Sprache in Michael Kesslers Beitrag *Oszillationen. Über die Motorik von Konstruktion*

---

[10] Dichten und Erkennen. Essays Band I. Hg. v. Hannah Arendt. Zürich 1955. S. 247.
[11] Ebd., S. 239.
[12] Ebd., S. 183-210; S. 239-248; S. 311-350.

und Dekonstruktion.[13] Warum solche eher abstrakten Untersuchungsaspekte neben der naheliegenden historisch-soziologischen Deutungsvariante im Fall von Brochs Roman sinnvoll und für ein tieferes Verständnis sogar zentral sind, soll durch diese Arbeit unter anderem deutlich werden.

Gegenstand meiner Untersuchung ist eine Besonderheit in Brochs Roman, nämlich die Verseinlagen innerhalb des epischen Textes. Die Verseinlage ist eine in der Forschung noch wenig beachtete Form, was daran deutlich wird, dass lediglich drei bekannte wissenschaftliche Arbeiten sich explizit mit Verseinlagen befassen.[14] Die in diesen Texten herausgearbeiteten Funktionen der vershaften Einlagen sind jedoch nur am Rande mit der Analyse bei Broch vergleichbar, weshalb die Arbeiten keine Grundlagentexte der vorliegenden Untersuchung darstellen. Zu den in der *Verzauberung* auftretenden lyrischen Einlagen existiert bisher in der Forschung noch keine gesonderte Analyse. Das ist, sowohl aufgrund der formalen Unterschiedlichkeit und Ungewöhnlichkeit der Einlagen in gebundener Rede, als auch aufgrund ihrer Auftretenshäufigkeit erstaunlich. Selbst wenn Passagen, die man als Grenzerscheinungen zwischen Epik und Lyrik ansehen kann, unbeachtet bleiben, beinhaltet der Roman 15 Einlagen in gebundener Sprache. Im Folgenden sollen die Funktionen dieser Einlagen für den Roman untersucht werden. Es handelt sich also um eine zum überwiegenden Teil werkimmanente Analyse.

Was durch diese Untersuchung ausdrücklich nicht geleistet wird, ist eine gattungsgeschichtliche oder zeitgeistige Einordnung des Romans, also beispielsweise die Beantwortung der Frage, inwiefern *Die Verzauberung* ästhetisch und inhaltlich ein typisches Werk der Inneren Emigration beziehungsweise in seinen späteren Fassungen der Exilliteratur darstellt.

Die Vorgehensweise der Analyse erfolgt bei jeder Gruppe von Verseinlagen des zweiten Kapitelpunktes nach dem gleichen Ablauf: Zu Beginn steht eine inhaltliche Kontextualisierung der Verseinlage in das jeweilige Kapitelgeschehen und eine kurze Analyse des jeweiligen Kapitels nach den Mitteln der Romananalyse. Dieser Abschnitt bleibt knapp gehalten, ist jedoch nicht vernachlässigbar, da ja die Funktion der Verseinlagen für den Gesamttext geklärt werden soll, was ohne ein - zumindest rudimentäres - Verständnis der Romankonzeption nicht

---

[13] Mansour (2008); Kessler, Michael: Oszillationen. Über die Motorik von Konstruktion und Dekonstruktion am Beispiel von Hermann Brochs Roman *Die Verzauberung*. In: Hermann Broch. 1998. S. 225-241.
[14] Bachleitner, Norbert: Form und Funktion der Verseinlagen bei Abraham a Sancta Clara. In: Mikrokosmos. Beiträge zur Literaturwissenschaft und Bedeutungsforschung. Band 15. Hg. v. Wolfgang Harms. Frankfurt 1985. Winter, Ingrid: Funktion und Bedeutung der Verseinlage in Goethes *Iphigenie auf Tauris* und *Wilhelm Meisters Lehrjahre*. In: Studies in Modern German Literature. Vol. 21. Hg. v. Peter Brown. New York 1988. Steinig, Martina: ‚Wo man singt, da lass' dich ruhig nieder…' Lied- und Gedichteinlagen im Roman der Romantik. Eine exemplarische Analyse von Novalis' Heinrich von Ofterdingen und Joseph von Eichendorffs Ahnung und Gegenwart. Passau 2005.

möglich ist. In einem zweiten Abschnitt folgt jeweils die reine Analyse der auftretenden Einlagen. Ein dritter Abschnitt beschreibt die Funktionen der Einlagen für den Horizont des jeweiligen Textabschnittes. In Kapitelpunkt drei werden aus diesen kapitelspezifischen Funktionen wenige zentrale Kernfunktionen abgeleitet, die für den Gesamtroman gültig sind. Das Fazit resümiert die gewonnenen Erkenntnisse in konzentrierter Form und nimmt aus der entwickelten Perspektive nochmals Stellung zum Forschungsstand.

II. Hauptteil

1. Gattungstheoretische Einordnung

Da die versifizierten Abschnitte in der *Verzauberung* in unterschiedlichen Formen auftreten, von denen einige nicht mehr mit einem konventionellen Begriff von Lyrik zu erfassen sind, ist es sinnvoll, die in dieser Arbeit verwendete Definition des Gattungsbegriffes im Voraus kurz zu klären.

Die Verseinlage ist zur Lyrik zu rechnen, auch wenn sie durch ihre besondere Form aus rezeptionsästhetischer Sicht natürlich mit dem sie umgebenden Prosatext zusammenwirkt.[15] Innerhalb der drei Gattungen Epik, Drama und Lyrik stellt die Lyrik die Gattung dar, welche die meisten Probleme bereitet bei der Formulierung übergreifend wirksamer und gleichzeitig konkreter Merkmale. Der Begriff von Lyrik als eigenständiger und gleichwertiger Gattung neben Epik und Drama besteht erst seit Beginn des 18. Jahrhunderts. Definitionen von Opitz (Liedhaftigkeit), Gottsched, Schlegel und Herder (Grundstimmung) bis Goethe (Attribut der enthusiastischen Aufgeregtheit) tragen nicht wirklich zu einer Konkretisierung des Begriffs bei, sondern fördern eher das „verschwommene Verständnis des Lyrischen als eines stimmungsvollen Zustandes", dem auch das alltagssprachlich gebrauchte Attribut ‚lyrisch' in seiner Bedeutung als ‚stimmungsvoll' oder ‚gefühlsbetont' entspricht.[16] Ein Problem dieser Ansätze besteht unter anderem darin, dass sie die Gattung stark über Inhalte zu definieren versuchen, so beispielsweise die zahlreichen Konzepte, die durch ihre Kriterien ausschließlich auf Erlebnis- und Stimmungslyrik abheben. Die Lyrik der Moderne führt schließlich zu einer Infragestellung aller bisher angenommenen Gattungskriterien. Sie lässt sich inhaltlich nicht mehr festlegen (obwohl es natürlich wie zu jeder anderen Zeit populärere und weniger populäre Themen gibt) und löst sich formal immer stärker von den traditionellen Merkmalen des Reims und des Metrums, die seit Klopstock bereits nicht mehr obligatorisch sind. Theoretiker wie Asmuth versuchen, das ursprünglichste Kriterium, die Liedhaftigkeit, zu verteidigen, scheitern jedoch aufgrund des „Verzicht[s] auf Metrum und schnelle Verstehbarkeit" von großen Teilen moderner Lyrik.[17] Es stellt sich dabei jedoch die Frage, in welcher Form sich Liedhaftigkeit überhaupt aufgrund bestimmter Merkmale beweisen oder widerlegen lässt und ob es sich nicht eher um eine Bezeichnung handelt, die allenfalls graduelle Abstufungen identifi-

---

[15] Vgl. Bachleitner (1985), S. 67.
[16] Burdorf, Dieter: Einführung in die Gedichtanalyse. Zweite Auflage. Stuttgart 1997. S. 4.
[17] Ebd., S. 7.

ziert. Eine exakte Abgrenzung lyrischer von nicht-lyrischen Texten aufgrund des Kriteriums der Liedhaftigkeit ist wegen der unscharfen Merkmalskriterien jedenfalls schwer vorstellbar. Dieselbe Problematik ergibt sich für das Kriterium der Kürze: Auf welche Weise soll festgelegt werden, wann ein Text nicht mehr liedhaft oder nicht mehr kurz (genug) ist?

Neue Theorieversuche, beispielsweise unter dem Begriff der „Differenzqualität", welcher das besonders stark vorhandene Abweichen von der Alltagssprache bezeichnen soll, oder der „Offenheit des Wirklichkeitsbezuges lyrischer Texte" kritisiert Burdorf zu Recht als ebenfalls nicht trennscharf genug.[18] Beide Merkmale erfassen zwar einen Großteil von lyrischen Texten, gewährleisten jedoch keine ausreichende Abgrenzung zu Texten anderer Gattungen – so weichen auch zahlreiche moderne Romane stark von üblicher Sprachverwendung ab und einige epische Kurzformen unterbieten umfassendere lyrische Werke bei weitem.[19] 1993 entwirft Lamping eine Definition, die sich ausschließlich auf das Merkmal der Versstruktur stützt und damit den Großteil der aktuell als Gedichte angesehenen Texte abdeckt:

> Als Versrede soll hier jede Rede bezeichnet werden, die durch ihre besondere Art der Segmentierung rhythmisch von normalsprachlicher Rede abweicht. Das Prinzip dieser Segmentierung ist die Setzung von Pausen, die durch den Satzrhythmus der Prosa, und das heißt vor allem: durch die syntaktische Segmentierung des Satzes nicht gefordert werden.[20]

Im Schriftbild lässt sich diese Segmentierung in der Regel durch eine Anomalie des Satzspiegels erkennen, also durch nicht vollgeschriebene Zeilen. Kayser formuliert dazu sehr pragmatisch: „Unser Auge sagt uns schnell, was Verse sind. Wenn auf einer Seite um das Gedruckte herum viel weißer Raum ist, dann haben wir es gewiß mit Versen zu tun."[21] Diese Definition trifft natürlich nicht zu, wenn Verse, wie häufig im 17. Jahrhundert, nicht durch Zeilenumbrüche, sondern stattdessen durch Schrägstriche voneinander abgesetzt sind. Diesem Einwand kann entgegengehalten werden, dass die Schrägstriche dem Zeilenumbruch strukturell entsprechen und das Kriterium bestehen bleibt, dass die Segmentierung rhythmisch, nicht syntaktisch motiviert ist. Die Definition von Lamping soll daher grundsätzlich zur Identifikation von Verseinlagen für die folgende Untersuchung gelten.

Einen Sonderfall, der bei Burdorf nicht berücksichtigt wird, stellen die Verseinlagen des Kapitelpunktes „Mutter Gissons Tod" dar. Es handelt sich dabei um Textabschnitte, die zwar nicht das Äußere von Versen besitzen, also keine Segmentierung durch Zeilenumbrüche,

---

[18] Burdorf (1997), S. 9 f.
[19] Vgl. Ebd., S. 8.
[20] Lamping, Dieter: Das lyrische Gedicht. Definitionen zu Theorie und Geschichte der Gattung. Göttingen 1993. S. 24.
[21] Burdorf (1997), S. 12.

dafür aber über die konventionellen Kriterien des Metrums und des Reimes verfügen. Burdorf hält streng an der Definition Lampings fest, was solche Mischformen angeht: „Entweder ein Text ist in Versen gefasst: dann ist er ein Gedicht; oder er ist nicht in Verse gegliedert: dann ist er Prosa und eben kein Gedicht".[22] Tatsächlich ist aber dieser Textabschnitt gerade aufgrund seiner Grenzhaftigkeit zwischen gebundener Sprache und Prosa für das Gesamtkonzept der lyrischen Einlage in der *Verzauberung* zentral und soll deshalb, allerdings genau unter dieser Definition als formale Grenzerscheinung, Teil der folgenden Analyse sein.

Abschließend muss in Bezug auf die Gattungsfrage noch darauf hingewiesen werden, dass die Gattungsbegriffe ‚Lyrik' und ‚lyrisch' von Broch selbst auf sehr undifferenzierte Weise verwendet werden. Loos schreibt zu diesem Problem in *Mythos Zeit und Tod:*

„die Vokabel ‚lyrisch' [...] scheint für ihn [Broch] nicht fixiert in einem streng gattungspoetischen Sinn, demzufolge auch nicht an bestimmte metrisch-rhythmische Formen gebunden".[23] So verwendet Broch in seinen kunstästhetischen Essays und Briefen häufig diffuse Begrifflichkeiten wie den „lyrischen Ausdruck" oder gar die „musikalisch[e] Komposition des Gesamtwerks",[24] unabhängig von der äußeren Form jener Texte, und bezeichnet zuweilen sogar seinen Roman *Tod des Vergil* als ‚Gedicht'.[25] Beim Hinzuziehen solcher Aussagen des Autors als Beleg von Thesen über die lyrischen Einlagen ist also große Vorsicht geboten. Auch die vorliegende Arbeit wird unterstützend Ausschnitte aus Schriften von Broch zitieren und deuten, in denen er die Begriffe ‚Lyrik' und ‚lyrisch' verwendet. Besondere Aufmerksamkeit wird jedoch darauf verwendet werden, die Bedeutung der Autoraussagen immer aus dem jeweiligen Kontext heraus zu erschließen.

2. Die Abschnitte in gebundener Rede

Die Verseinlagen des Romans lassen sich in fünf Gruppen untergliedern, die jeweils einem Kapitel (oder, in Kapitelpunkt 2.3, zwei zusammenhängenden Kapiteln) des Romans zuzuordnen sind. Diese Gruppen von Verseinlagen werden im Folgenden nicht nach der Reihenfolge ihres chronologischen Auftretens im Roman analysiert, sondern in der Weise geordnet, dass die Strophen, die stärker das konventionelle Äußere von Versen aufweisen, zu Beginn

---

[22] Burdorf (1997), S. 15.
[23] Loos, Beate: Mythos Zeit und Tod. Zum Verhältnis von Kunsttheorie und dichterischer Praxis in Hermann Brochs Bergroman. Frankfurt a.M. 1971. S. 41.
[24] Zitiert aus den *Briefen*, Gesammelte Werke Band 8. In: Loos (1971), S. 40.
  Arendt (1955), S. 271.
[25] Vgl. Loos (1971), S. 40.

stehen, während die komplexeren Formen in den Kapitelpunkten 2.4 und 2.5 behandelt werden. Diese Ordnung ist sinnvoll, weil die beiden letzten Kapitelpunkte, obwohl sie im Roman weit voneinander entfernt sind, eine andere Form der Analyse benötigen als die übrigen Versgruppen. Die weltanschauliche Nähe der Hauptfiguren der Kapitelpunkte 2.4 und 2.5 unterstützen zudem auf inhaltlicher Ebene das formale Argument.

Jedes der Kapitel, das eine Verseinlage beinhaltet, wird zunächst nach den allgemeinen Methoden der Romananalyse untersucht, dann folgt eine reine Analyse der auftretenden Verse. Die auf das Kapitel bezogenen Funktionen werden in einem dritten Abschnitt dargelegt. Treten in einem Kapitel mehrere Verseinlagen auf, so werden diese mit kursiven römischen Ziffern durchnummeriert.

Diese Aufteilung mag an manchen Stellen künstlich und im Vergleich mit einer synthetischen Abhandlung nachteilig erscheinen. Sie gewährt jedoch zu jedem Zeitpunkt Übersichtlichkeit, die bei einer synthetischen Analyse (das zeigt sich in Abschnitten von Bachleitners Abhandlung, in denen beispielsweise der Inhalt des Prosakontexts und die Form der Verseinlage gleichzeitig untersucht werden) leicht verloren geht.

2.1 Gebete und Gesänge während des Steinsegens

2.1.1 Romananalyse

Die Verseinlagen dieses Kapitelpunkts stehen im Kontext eines religiösen Dorfrituals, des Steinsegens. Es handelt sich um ein jährliches Fest, das zeitlich auf den „ersten Donnerstag zwischen dem letzten Neumond und der Sonnenwende" festgelegt ist.[26] Neumond und Sonnenwende sind Naturphänomene, es offenbart sich also bereits im Termin des Festes dessen Ursprung in vorchristlichen „Naturbeschwörungen".[27] Die aktuelle Umsetzung stellt eine christliche Adaption dieser alten Riten dar, die jedoch nicht ohne innere Widersprüche ist:

> Vor diesen Gegenständen zelebrierte der Pfarrer, und was er tat, mußte ihm, dem kirchlichen Priester, als ein Vorgang erscheinen, der sich hart am Abgrund verdammungswürdigen Aberglaubens bewegte.[28]

---

[26] Broch (1986), S. 85.
[27] Ebd., S. 88.
[28] Ebd., S. 102.

Die Entfernung der Festlichkeit von ihrer ursprünglichen Form wird vom Erzähler indirekt negativ bewertet durch die Feststellung, dass der Steinsegen inzwischen „zu einem recht kümmerlichen Fest geworden" sei.[29] Inhalt des Segens ist die allegorisch dargestellte Rettung der Bergbraut aus der Gefangenschaft des Drachens, mit der auch die symbolische Erlaubnis des Berges einhergeht, Mineralien abbauen zu dürfen. Die Umsetzung erfolgt durch die Dorfkinder in der Art einer Laienschauspielgruppe. Zum Ablauf des Festes gehört eine längere Wanderung aus dem Dorf zur Bergkapelle, die dem Erzähler mehrere Anlässe gibt, das Geschehen mit bizarren, humoristischen Zügen darzustellen.

Die zentralen Themen des Kapitels sind die Unzeitgemäßheit und damit seltsame Wirkung des Festes sowie der Hinweis auf seine vorchristlichen, naturreligiösen Wurzeln. Die Kompositionsstruktur stellt, ähnlich wie im gesamten Roman, eine ausgewogene Mischung aus Aktions-, Deskriptions-, Dialog- und Reflexionssequenzen dar, was sich günstig auf die Lesermotivation auswirkt. Auffällig ist allerdings die lange Reflexionssequenz zu Beginn des Kapitels. Diese hebt die Fokalisierung auf die Figur des Erzählers hervor und stärkt seine Position.

Die wichtigsten Figuren des Textabschnittes sind der Landarzt, Mutter Gisson, der Pfarrer und Mutter Gissons Enkelin Irmgard. Nach der Form des Festes müssten eigentlich der Pfarrer und die Bergbraut Irmgard im Zentrum der Figurenkonstellation stehen. Beide werden jedoch als schwach und teilweise sogar lächerlich dargestellt: Irmgard sagt ihre Verse im Tonfall „eines Dorfschulmädchens" auf und ist nach Erzählereinschätzung auf eine oberflächliche Weise froh, sich in „solchem Schmuck" zeigen zu können.[30] Der spirituelle Leiter ist ein unsicherer Blumenfreund, der aufgrund seiner Schwäche auf den Berg geschoben werden muss und bei einer Zwischenpause „mit der Bewegung von Bäuerinnen, die ihre Röcke schonen wollen" hinten sein Ornat aufhebt, wodurch seine „geflickte Hose" sichtbar wird.[31] Die beiden eigentlichen Hauptpersonen der Handlung füllen also ihre Positionen aufgrund ihres Charakters und ihrer Verfassung nicht ausreichend aus, wodurch die stark angelegten Figuren Mutter Gisson und der Landarzt in den Mittelpunkt rücken. Diese Beobachtung lässt sich auf den gesamten Roman übertragen: Es handelt sich bei den Nebenfiguren zwar nach der Kategorisierung Edward Forsters nicht um ‚flat charakters', also stark typisierte Figuren,[32] aber es besteht ein deutliches Gefälle zwischen den drei Hauptfiguren - Mutter Gisson, Landarzt und Marius - und allen anderen im Roman auftretenden Charakteren.

---

[29] Broch (1986), S. 88.
[30] Ebd.,S. 90, 102.
[31] Ebd., S. 96.
[32] Vgl. Schneider (2006), S. 20.

In der Figur des Landarztes überschneiden sich Aspekte der Figurenkonstellation und der Narrativik, da es sich nach Stanzels Kategorisierung um eine Ich-Erzählung handelt. Der Erzähler berichtet von seinen eigenen Erlebnissen aus einer zeitlichen Distanz heraus. Durch die Beschreibung der Erzählsituation zu Beginn des Romans: „Hier sitze ich, […] ein alter Landarzt, und will etwas aufschreiben, das mir zugestoßen ist" entstehen die Ebenen von Rahmen- und Binnenerzählung, die räumlich und zeitlich voneinander differenzierbar sind, jedoch dadurch verschwimmen, dass sie dieselbe Erzählerfigur besitzen, die sich zudem in langen Reflexionssequenzen jeweils von der situativen Umgebung löst.[33] Auf beiden Ebenen ist der Erzähler durch häufige Wertungen des Geschehens stark angelegt und tritt kaum je hinter das Erzählte zurück, sondern stellt sich in dessen Zentrum. Übereinstimmend damit handelt es sich nach Genette in Bezug auf die Perspektive um eine Fokalisierung, die sich (mit einer Ausnahme, auf die ich am Ende dieses Abschnitts eingehe) auf die Hauptfigur beschränkt.

Im gesamten Roman ist der Erzähler in die Welt der anderen Figuren eingebunden, also homodiegetisch, und legt seine Wertung der Geschehnisse offen. Diese eigentlich starke Position wird allerdings durch seine charakterliche Anlage geschwächt. Aus der innerlichen Zerrissenheit zwischen dem Streben, mit kognitiv-logischen Mitteln die Welt zu erfassen und seiner gleichzeitig empfundenen Sehnsucht nach einer metaphysischen Einheit mit seiner Umwelt,[34] resultiert ein häufig schwankendes Urteilsvermögen. So erscheinen sowohl der Dorfritus als auch Mutter Gissons Individualreligion dem Landarzt durch seine akademische Prägung ursprünglich suspekt, zu beiden nimmt er jedoch im Kapitelverlauf widersprüchlich Stellung. Die Feierlichkeit während des Gottesdienstes in der Bergkapelle erscheint ihm plötzlich überaus positiv:

> Denn so irdisch die Gebärde des Gebetes auch sein mag, […] sie ist die wirkliche Gewähr, daß der Mensch, der aus der Unendlichkeit stammt und ohne sie nicht leben kann, sich zu ihr zu- rückzuwenden vermag.[35]

Kurz darauf kehrt er jedoch zu seiner nüchternen, ursprünglichen Sichtweise zurück:

> [D]er Gottesstreiter, den uns die Kirche geschickt hatte, war unser kleiner Gärtner-Pfarrer […] und sogar der Lobgesang ob der Niederwerfung des Heidnischen war zu einem Kinderstuben- liedchen geworden.[36]

---

[33] Broch (1986), S. 9.
[34] Vgl. Ebd., S. 85, 87.
[35] Ebd., S. 102.
[36] Ebd., S. 106.

Trotz dieser inneren Unsicherheit lässt der Landarzt gegenüber den anderen Figuren nur die Urteile erkennen, die einer aufgeklärten und humanistischen Denkweise entsprechen, wie seine Wertung des brutalen, sexistischen Pfarrers Arlett als „Unmenschen".[37] Im Schwanken des Erzählers drückt sich seine Sehnsucht nach einer kraftvollen, urwüchsigen Glaubensform als Alternative zu der ursprungsfernen, ausgewaschenen Feierlichkeit des Steinsegens aus. Diese Sehnsucht ist kongruent mit der des Verfassers, wie sich an zahlreichen Stellen in Brochs Schriften belegen lässt:

> Möge die Wertzersplitterung noch weiter fortschreiten [...] die Erkenntnis ist es, die immer wieder, zumindest potentiell, in jeden Wertzerfall [...] die Kraft zur Umbildung in neue Ordnungen legt, den Keim zu einer neuen religiösen Ordnung [...], denn an ihrem Ende ist der neue Mythos sichtbar.[38]

Mutter Gisson wird durch eine Art Hellsichtigkeit vom Erzähler als über dem Geschehen stehend dargestellt: „[D]as Fabelhafte drang immerzu zu ihr aus einem Einst, das vor jeder Erinnerung liegt und das ihr beinahe ebenso viel galt wie die Gegenwart".[39] Da sie über diesen besonderen Zustand immer verfügt, sind Rituale jeder Form, die transzendente Wirkungen hervorbringen wollen, für sie nicht von Bedeutung, weswegen sie im weiteren Handlungsverlauf der ‚Verzauberung' durch den Marius als einzige Dorfbewohnerin widerstehen kann.

Zentrale Themen von Mutter Gissons Weltsicht überschneiden sich mit Themen, die auch den Landarzt und Marius beschäftigen, zum Beispiel die Einheit des Menschen mit der Natur und die Verbindung zu einer metaphysischen Ebene. Sie stellt keine rationale, humanistische Antipode zum durch mystische Denk- und Sprachweise ausgezeichneten Marius dar, viele ihrer Ansichten stehen ebenso im krassen Gegensatz zum aufgeklärten Menschenbild. So drückt sie in diesem Kapitel ihre Sympathie zum ehemaligen Pfarrer Arlett aus, der offenbar Mädchen während der Beichte sexuell bedrängt hat:

> „Und der Pfarrer Arlett, der war ein Bräutigam?"
>
> „Das will ich meinen...das war ein schrecklicher Kerl, dem hat man kein Mädel zur Beicht schicken dürfen..."[40]
>
> [...]
>
> „Aber, Mutter Gisson, das war doch ein Unmensch."

---

[37] Broch (1986), S.107.
[38] Arendt (1955), S. 210.
[39] Broch (1986), S. 95.
[40] Ebd., S. 93.

„Nein, das war er nicht… dumpf war er, und gut war er, und groß war er, auch in seinem Glauben [...] und die Männer waren wie Weiber vor ihm“.[41]

Mutter Gissons Stellungnahme erregt hier sichtlich die Irritation des Landarztes, in der sich der durchschnittliche modern-aufgeklärte Rezipient gespiegelt sehen kann. Durch diese charakterliche Anlage Mutter Gissons wird jedoch auch deutlich, dass das Konzept des Romans nicht in der Gegenüberstellung rational und irrational besteht. Was Mutter Gisson und Marius letztlich zu Antagonisten werden lässt, muss auf einer anderen Ebene begründet liegen. Dieser Frage wird im Verlauf der Untersuchung noch gesondert nachgegangen werden.

Stilistisch handelt es sich im gesamten Roman um eine virtuose Mischung zahlreicher Sprachregister (beispielsweise ärztliche Fachsprache, dialektale Ausdrücke, Hochsprache und Abschnitte von derbem Humor), eine Besonderheit, auf die Winkler mit seinem in der Einleitung erwähnten Urteil Bezug nimmt. Zu dieser Mischung treten ein dichtes Netz aus rhetorischen Figuren sowie zahlreiche Anspielungen auf verschiedene Denkkonzepte.[42] Anstoß für diese Form, das geht aus Brochs theoretischen Schriften hervor, ist der neuartige Stil von Joyces *Ulysses*:

> Die Joycesche Stilagglomeration ist, technisch gesehen, ein Verfahren, das das Objekt von einer Stilbeleuchtung in die andere rückt, um es völlig auszuschöpfen und ihm das höchste Maß an Wirklichkeit, einer übernaturalistischen Wirklichkeit abzugewinnen.[43]

Im Hinblick auf die rhetorischen Mittel sind am stärksten Personifikationen oder Antropomorphisierungen von Teilen der Natur vertreten. So bezeichnet der Erzähler die Felswand als „schrundig“, ein Adjektiv, das auch für die Oberflächenbeschreibung von Haut verwendet wird und fragt sich, ob „sich [...] der Fels nicht den Spaß machen [durfte], sich mit einer Schlange zu gürten?“ Sowohl „Spaß machen“ als auch „gürten“ sind menschliche Verhaltensweisen, die hier der Felswand zugesprochen werden. Relativ häufig treten auch Synästhesien auf: „in der Musik des scheidenden Lichts“,[44] und sogar das in Prosatexten eher ungewöhnliche Mittel der Hypallage findet sich im Text: „ ‚Ja‘, sagte er mit seinem leisen [...] Gesicht“.[45]

---

[41] Broch (1986), S. 107.
[42] Vgl. beispielsweise die Bezugnahme sowohl auf die sich verändernde Individualitätsauffassung um 1900, die den Menschen als multiples, gespaltenes und zerrissenes Wesen ansieht als auch auf das romantische Leitbild der Verbundenheit aller Dinge auf den Seiten 86 f.
[43] Arendt (1955), S. 191.
[44] Broch (1986), S. 87.
[45] Ebd., S. 98.

Die verwendeten Vergleiche sind bildhaft und können aufgrund der fehlenden Verknüpfungs-
punkte der Vergleichsbegriffe häufig nur noch assoziativ verstanden werden: „Die Gesichter
der Menschen waren wie huschende weiße Nebel",[46] oder: „Da stand die Felswand, [...] wie
[...] ein uraltes Lächeln der Erde".[47]

All diese Stilmittel haben die Funktion, Grenzen zu verwischen: Zwischen Mensch und Natur,
zwischen den Sinnesorganen, zwischen nicht mehr in kohärente Sinnzusammenhänge zu
bringenden Bereichen. In ihrer Versinnbildlichung der Nähe und geistigen Verbundenheit von
Mensch und Natur lassen sie den Zustand der ‚Unio mystica', der mystischen Einheit des
Menschen mit dem Göttlichen, und das heißt bei Broch: mit der ihn umgebenden Natur, als
möglich erscheinen.

Abschließend möchte ich noch einmal auf die Fokalisierung eingehen, da dieser Bereich eine
nicht leicht zu deutende Besonderheit aufweist. In die ansonsten ausschließliche Fokalisierung
auf den Landarzt, also die Ich-Figur, ist eine weitere Figur mit einbezogen, nämlich der Hund
des Arztes. Dafür finden sich in jedem Kapitel zahlreiche Belege, in dem hier untersuchten
beispielsweise die Feststellung: „[E]r ist nicht fröhlich oder nur sehr selten [...] unentwegt
und überall sucht er sich, sucht den Schimmer der Unendlichkeit in seinem Kopf"[48] oder: „Er
gehorchte angeekelt von der unverständlichen Dummheit des Menschen."[49] Diese Einblicke
in den Tiergeist als einen Anhaltspunkt der geistigen Einheit von Landarzt und Trapp oder als
Marotte des alternden Erzählers zu werten, bleibt dem Leser überlassen. Beide Deutungen
lassen sich schlüssig in das Gesamtkonzept des Romans einbinden: Die erste Auslegung sieht
in der geistigen Einheit eine bereits früh vorhandene Evokation des mystischen Aspekts, der
vor allem für die Kapitel fünf, zwölf und vierzehn zentral ist. Nach der zweiten Deutung wäre
das Phänomen Erzählerkritik, die geistige Zurechnungsfähigkeit des Landarztes wäre in Frage
gestellt. Auch diese Deutung ist durch weitere erzählerkritische Implikationen im weiteren
Handlungsverlauf plausibel zu machen. Im Hinblick auf das im Laufe der Analyse deutlich
werdende gedankliche Modell, das der *Verzauberung* zugrunde liegt, könnte man auch
vermuten - quasi als dritte Deutung – dass die Divergenz beider Deutungsmöglichkeiten
bewusst angelegt ist. In diesem Fall wäre das Phänomen dem Begriff der Unkonkretheit
zuzuordnen, der für Brochs religiöses Verständnis von Bedeutung ist.

---

[46] Broch (1986), S. 102.
[47] Ebd., S. 100.
[48] Ebd., S. 87.
[49] Ebd., S. 90.

2.1.2 Formale Versanalyse

Die erste Verseinlage des Kapitels ist die Begrüßungsstrophe, mit der Irmgard als Bergbraut den Pfarrer willkommen heißt:

1 „Gelobt sei Jesus Christ
Was im Berg gefangen ist
Durch ihn befreit werden solle
Vertrieben Satan und Unholde
Alles Böse weiche von dannen
In Jesu und Marien Namen."

Äußerlich auffällig an der Verseinlage ist zunächst die Abwesenheit von Satzzeichen, ein Merkmal, das in unregelmäßiger Weise auch bei anderen Verseinlagen auftritt. Nach Burdorf ist das Fehlen von Satzzeichen ein Indiz dafür, dass ein „Text [...] als Sprechvorlage, als eine Art Partitur, konzipiert" ist.[50] Innerhalb der drei Möglichkeiten der Umsetzung von gebundener Sprache – still gelesen, laut rezitiert oder gesungen – stellt diese Darstellungsform also eine Schwerpunktsetzung zur auditiven Umsetzung dar. Da der Gesamtroman jedoch offensichtlich nicht auf die Form der auditiven Umsetzung hin angelegt ist (dagegen spricht schon die bloße Länge sowie die an anderen Stellen übliche Interpunktion) handelt es sich offenbar um eine Besonderheit, die auf die Rezeptionswirkung abzielt. Die Assoziation des Lesers verursacht in dessen Vorstellung den Eindruck von vorgetragenen Versen, der natürlich fiktiv bleibt. Dieser in seinen Folgewirkungen phantasieanregende Formaspekt verringert die Distanz zwischen Leser und Text, da jener die subjektive sprachliche Ausdeutung des Lesers an dieser Stelle miteinbezieht.

Der Verzicht auf Satzzeichen hat neben dieser bereits abstrakteren auch eine pragmatische, konkrete Rezeptionswirkung: Die Verse eins und zwei werden beim Lesen sehr wahrscheinlich zu einer Einheit zusammengefasst, die sie jedoch semantisch nicht darstellen. Das Reimschema des Paarreims und die Kadenzen (2x männlich, 4x weiblich) unterstützen diese, der Sinnstruktur des Textes zuwiderlaufende, Strukturierung in Zweiversgruppen. Tatsächlich bilden die Verse 1, 2-4 und 5-6 Sinneinheiten. Die fehlende Symmetrie dieser Konstruktion wirkt auf den durchschnittlichen Rezipienten sicher irritierend, da sie seiner kulturellen Prägung zuwiderläuft. Auffällig ist weiter die ungewöhnliche Syntax der Verse zwei und drei.

---

[50] Burdorf (1997), S. 40.

Sowohl die Verbform („solle") als auch die ungewöhnliche Verbletztstellung sind nicht semantisch, sondern ausschließlich durch die Reimerzeugung motiviert. Die klarere, grammatisch korrektere Form dieses Verses wäre schlicht: „soll durch ihn befreit werden".

Die Verse des Sechszeilers schwanken zwischen drei und vier Hebungen bei unregelmäßigem Metrum, was keiner traditionellen deutschen Versform entspricht. Durch die Gestaltung der Kadenzen und Versanfänge ergibt sich dreimal die Form des ungefugten oder asynaptischen Versüberganges, bei dem jeweils zwei Hebungen oder Senkungen   aufeinandertreffen, beispielsweise von Vers eins auf zwei die Hebungen der Wörter „Christ" und „was":

$$x \quad X \quad x \quad X \quad x \quad X \quad \quad / \quad \quad X \quad x \quad X \quad x \quad X \quad x \quad X^{51}$$

„Gelobt sei Jesus Christ   /   Was im Berg gefangen ist

Der Hebungsprall verhindert hier die regelmäßige Alternation und führt zu einem stockenden Leseeindruck. Ähnlich wie die semantische Struktur und die ungewöhnliche Syntax verhindert dieser Gestaltungsaspekt einen ‚runden' Gesamteindruck. Burdorf beschreibt die Wirkung asynaptischer Versübergänge so, dass (vor allem bei dem Aufeinandertreffen zweier Hebungen) „die Bewegung [...] [ge]hemmt und die Verse voneinander isoliert" werden.[52] Ungefugte Verse bewirken also ein ‚Auseinanderfallen' des Textes, das in dieser Strophe mit der ungleichen Einteilung durch Reim- und semantische Struktur zusammenwirkt.

In Bezug auf den Reim fällt neben dem schlichten Schema der Paarreimbildung vor allem der unreine Reim zwischen Vers drei und vier auf. Dieses Merkmal darf nicht vorschnell für eine Abwertung des Textabschnitts verwendet werden. Burdorf weist darauf hin, dass das Deutsche als prinzipiell eher ‚reimarme' Sprache (beispielsweise im Vergleich mit dem Italienischen) des Rückgriffs auf Assonanzen, unreine oder identische Reime häufig bedarf. Unreine Reime können zudem, wie beispielsweise in Gedichten der Romantik oder des Expressionismus, besonderes Stilmittel mit bestimmten Wirkungsabsichten sein, beispielsweise eine schwebende Klangwirkung erzeugen oder im klanglichen Konflikt einen Konflikt auf inhaltlicher Ebene verdeutlichen. Burdorf erläutert in diesem Zusammenhang die Relevanz des Kontexts folgendermaßen:

---

[51] Versakzente werden hier und im Folgenden durch die Zeichen Hebung = X und Senkung = x angegeben. Es handelt sich dabei, im Gegensatz zu Burdorfs zwar exakten, aber nicht unbedingt intuitiv erfassbaren Darstellungsweise um eine pragmatische Lösung, deren Aussagekraft für ihre Zwecke in dieser Arbeit ausreichend ist.
[52] Burdorf (1997), S. 78.

Es ist jeweils danach zu fragen, welche Funktion der Reim in dem einzelnen Gedicht hat, welche Wirkung mit ihm beabsichtigt und erzielt wird. So wirkt die korrekte Einhaltung der Reinheit des Reims in geselligen Liedern unnötig penibel und gestelzt, während schiefe, mißratene oder abgenutzte Reime ein feierliches Gedicht ins Lächerliche ziehen können.[53]

Eben Letzteres ist jedoch in diesem Fall zutreffend: es handelt sich um eine feierliche Strophe religiösen Inhalts, deren Wirkung durch den unreinen Reim geschmälert wird. Dieser Mangel läuft mit einem anderen zusammen, der auch in Vers vier auftritt, nämlich dem brachialen Zuwiderlaufen von Versakzent und Wortakzent in dem Wort „Unholde". Einem alternierenden, jambischen Metrum entsprechend müsste die zweite Silbe von „Unholde" betont sein, während der natürliche Wortakzent die Form eines Daktylus fordert. Es ließe sich alternativ auch eine, dem alternierenden Eröffnungsrhythmus entgegenlaufende Lesart denken, bei der bereits die Wörter „Satan und" daktylisch gedacht werden. Vers vier stellt eine metrisch unklare Stelle dar, die jedoch in beiden Umsetzungsformen rhythmisches Konfliktpotential beinhaltet: In der ersten durch einen Gegensatz auf Wortebene, in der zweiten durch einen Gegensatz auf Versebene. Zentrales Formmerkmal dieser Verseinlage ist das des Gegensatzes, des Widerstrebenden.

Bei der zweiten Verseinlage handelt es sich um die Prozessionslitanei. Diese Strophe wird während der Festlichkeit immer wieder von der Gemeinde und den Geistlichen wiederholt, unter gelegentlicher Abänderung des Heiligen im letzten Vers:

II. „Der Herr hat auf dem Berg geredet
Stern und Mond haben gewehet
Und die Gnade hat er gesähet
Vor Tau und Tag
Emporgestiegen auf den Turm der Welt
Auf den Berg des Lebens hell
Gelobt sei Maria auf dem Berge. "

Noch ungewöhnlicher als bei der vorangegangenen Strophe, deren sechs Zeilen mit der populärsten deutschen Form, der vierzeiligen Paarreimstrophe, zumindest noch die gerade Anzahl an Versen gemeinsam hatte, handelt es sich hier um einen Siebenzeiler. Bachleitner

---

[53] Burdorf (1997), S. 32 f.

weist zwar darauf hin, dass die siebenzeilige Strophe eine Tradition im Meistersang besitzt,[54] allerdings hat sich der deutsche Meistersang relativ schnell in den Dienst der Reformation gestellt und daher das opitzsche Regelwerk befolgt,[55] das jedoch in dieser Strophe nicht umgesetzt wird. So widerspricht beispielsweise der Hebungsprall im zweiten Vers Opitz' Forderung nach alternierenden Versen. Auch diese Strophe lässt sich also nicht in eine Strophentradition einordnen.

Formal auffällig ist, dass die vierte Zeile aufgrund ihrer Kürze herausgestellt ist und graphisch als eine Art Spiegelachse wirkt. Abgesehen von diesem zweihebigen Vers sind alle übrigen Verse vierhebig. Ebenso wie in der ersten Strophe besteht ein unregelmäßiger Wechsel von jambischem und trochäischem Metrum, was wiederum ungefugte Versübergänge zur Folge hat. Die regelmäßige Alternation wird noch stärker als in der ersten Verseinlage durch dreisilbige Versfüße unterbrochen, beispielsweise bei den Worten „Gelobt sei Maria" und „haben gewehet". Im zweiten Fall bewirkt der metrische Umbruch sogar einen Hebungsprall innerhalb des Verses:

$$X \quad x \quad \textbf{X} \quad / \textbf{X} \quad x \quad x \quad X \quad x$$

Stern und Mond haben gewehet

Dieser Spondeus verhindert das flüssige Lesen der Einheit durch Setzung einer semantisch nicht motivierten Zäsur. Dieselbe Wirkung hat das Aufeinandertreffen von jambischem und trochäischem Rhythmus, beispielsweise von Vers eins auf zwei. In Vers fünf ergibt sich eine weitere rhythmische Problematik: Der Abschnitt „*Emporgestiegen auf den*" lässt sich ohne brutale Tonbeugung nur durch drei aufeinanderfolgende Senkungen umsetzen, eine sehr ungewöhnliche metrische Form. All diese Merkmale stehen einem flüssigen, liedhaften Charakter im Wege.

Ebenso wie die rhythmische weist auch die strukturelle Ebene Widersprüche auf. Die Kadenzen der Strophe (3 weiblich, 3 männlich, 1 weiblich) durchbrechen die durch die Hebigkeit der Verse bestehende Struktur 3 – 1 – 3.

Letztere korrespondiert eher mit der Struktur der Reimform a-a-a-b-c-c-d. Die Reime des Gesanges sind durchgehend unrein und können ähnlich wie in der ersten Strophe als formaler Mangel gedeutet werden.

---

[54] Vgl. Bachleitner (1985), S. 36.
[55] Vgl. Metzler Lexikon Literatur. Hg. von Dieter Burdorf, Christoph Fasbender, Burkhard Moennighoff. 3. Auflage. Stuttgart 2007. S. 487.

Bei einer inhaltlichen Analyse fällt auf, dass sich die Verse in alternierender Weise zwei Themenbereichen zuordnen lassen: Einem biblisch-christlichen und einem naturbezogen-kultischen. Bei einer solchen Unterteilung ergäbe sich die folgende Verszusammengehörigkeit:

1. Der Herr hat auf dem Berg geredet	2. Stern und Mond haben gewehet
Und die Gnade hat er gesähet	Vor Tau und Tag
Emporgestiegen auf den Turm der Welt	Auf den Berg des Lebens hell
Gelobt sei Maria auf dem Berge	

In der ersten Gruppierung finden sich biblische Bilder, wie das des Sämanns (Matt. 13, 1-9), hier in einer metaphorischen Verbindung mit dem zentralen christlichen Begriff der Gnade. Der erste Vers ist eine recht eindeutige Anspielung auf das zweite Buch Mose: „Der Herr war auf den Sinai, auf den Gipfel des Berges, herabgestiegen. Er hatte Mose zu sich auf den Gipfel des Berges gerufen und Mose war hinaufgestiegen. […] Und Gott redete alle diese Worte". (Mo. 19,20; 20,1)
Die zweite Versgruppe weist hingegen einen starken Bezug zu Erscheinungen in der Natur auf, was beispielsweise an den Begriffen „Stern und Mond" sowie „Tau und Tag" deutlich wird. Auch der Ausdruck „Berg des Lebens" lässt eher Assoziationen auf naturreligiöse, vorchristliche Kulte zu.[56] Der zentrale, durch seine Kürze herausgestellte Vers „Vor Tau und Tag" kann als Rückverweis auf die Wurzeln des Festes in naturkultischen Bräuchen gedeutet werden.

In Bezug auf rhetorische Mittel ist der erste Vers, „Stern und Mond haben gewehet", auffällig, ein Stilmittel, das noch an anderen Stellen im Roman auftritt. Es handelt es sich um die Verbindung eines oder mehrerer Nomen mit einem semantisch unpassenden Verb. Die Verbindung ist hier nicht mehr eindeutig entschlüsselbar: Haben Stern und Mond geschienen und dabei der Wind geweht? Oder wird betont, dass Mond und Gestirne durch ihren Einfluss auf die Gezeiten auch das Wetter beeinflussen? Auffällig ist zudem der unklare Bezugspunkt des Adjektivs „hell" in Vers sieben, das sowohl als Beschreibung des Bergs als auch des Herrn gelesen werden kann. Es entsteht ein schwebender Leseeindruck.
Wie lassen sich diese Erkenntnisse nun mit Bezug auf den Text deuten? Drei Aspekte sind relevant: Wie in der ersten Verseinlage treten auch hier formale Brüche und Mängel auf, die

---

[56] Zwar sind auch im Christentum bestimmte geographische Orte heilig, die Zuschreibung „Berg des Lebens" ist jedoch bereits in ihrer Namensgebung viel zu stark losgelöst von den christlichen Fixpunkten Gott und Christus und würde von konservativen Christen wahrscheinlich als heidnischer Ausdruck abgelehnt werden.

rezeptionsästhetisch als weiches Mittel der Sympathielenkung gedeutet werden können, sowie inhaltlich als Mittel der Charakterisierung des Festes. Die rhetorischen Figuren dienen der Erzeugung von diffuser, übersinnlicher Stimmung. Sie sind bezeichnenderweise in den Naturbeschreibungen wesentlich stärker vorhanden als in den Abschnitten eindeutig christlicher Inhalte. In der graphischen Anlage wird der Ursprung des Festes in Naturbeschwörungen betont, was der Sehnsucht des Erzählers nach einer ursprünglichen, inhaltlich widerspruchsfreien Glaubensform entspricht.

Bei der dritten Verseinlage handelt es sich um die Gesänge der Kindergruppe, die symbolisch die Bergbraut gefangen hält. Sie erhalten Antwort von der Dorfgemeinschaft, die weiterhin die Prozessionslitanei betet. In der zweiten Strophe wechselt die Gruppe gemäß des geplanten Ablaufes die Seiten, von bösen Wächtern zu guten Christen, die auf die Erlösung warten. Die dritte und vierte Strophe besingen schließlich die Befreiung der Bergbraut aus der Gewalt des Drachens.

III.

„Niemand darf heran sich traue-en
An des Riesen feste Burg
Oder bring ihm ein Jungfraue-en
Daß er dir nichts Böses tu. "

„Kommt der Christ die Welt zu lö-ösen
Aus des Satans groß Rachén
Müssen fliehen alle bö-ösen
Ungetiere und Drachén. "

„Kommt der Christ die Welt zu lö-ösen
Aus des Satans groß Rachén
Müssen fliehen alle bö-ösen
Ungetiere und Drachén
Heilger Georg, heilger Georg
Auf dem Berge unser Ho-ort
Schöne Jungfrau ist gene-esen
Aus dem Drachenblute dort. "

„Deine Lanze tat besie-igen
Und der Heide liegt gefällt
Jungfrau tut das Kindlein wie-igen
Und der Christ regiert die Welt
Heilger Georg, heilger Georg
Auf dem Berge unser Ho-ort
Alle Englein dich umflie-igen
Heilger Christ an jedem Ort. "

Die Strophengruppe besteht aus zwei Vierzeilern und zwei Achtzeilern, die jedoch offensichtlich zusammengesetzt sind und sich ebenfalls in Vierzeilengruppen unterteilen lassen. Die Verse sind unschwer dem Formschema des Volksliedverses zuzuordnen. Es handelt sich um jambische, vierhebige Verse mit alternierenden Kadenzen. Dem Volksliedvers entsprechend handelt es sich um eine Kreuzreimform mit nicht immer reinen Reimen.[57] So besteht zwischen Vers zwei und vier in der ersten Strophe lediglich eine Assonanz durch den Vokal „u".

---

[57] Vgl. zum Volksliedvers: Burdorf (1997), S. 80.

Innerhalb der Achtzeiler, bei denen jeweils eine Hälfte der Strophe einen Refrain darstellt, wird das Kreuzreimschema leicht abgewandelt: a-b-a-b-c-c-a-c. Es handelt sich insgesamt, im Vergleich zu der Begrüßungsstrophe und der Prozessionslitanei, um eine formal weniger problematische Konzeption, die auch inhaltlich keine vergleichbaren Brüche aufweist.

Doch auch diese Strophen enthalten in der formalen Darstellung eine implizite Wertung, die mit der expliziten des Erzählers zusammenfällt. So deutet nämlich die Wiederholung der von Bindestrichen getrennten Vokale auf eine laienhafte Sängerpraxis hin, bei der für einen Tonwechsel auch der Vokal neu angestoßen wird, statt für die melismatischen Abschnitte das professionellere Legato zu singen.[58] Diese Darstellungsweise spiegelt die vom Erzähler gegebene negative Wertung wider, die Sänger „plärrten es wie in der Schule".[59] Eine weitere Information im Prosatext rückt die Strophe in ein humoristisches, sogar lächerliches Licht, nämlich die Angabe, dass sie „auf die Melodie des ‚Weißt du wie viel Sternlein stehen'" zu singen sei.[60] Rhythmisch besteht auch in dieser Strophengruppe der seit der opitzschen Versreform verpönte Gegensatz von Vers und Wortakzent, der bei den Reimworten „Rachén" und „Drachén" sogar durch graphische Akzente hervorgehoben wird.

2.1.3 Funktionsanalyse

Den Verseinlagen des sechsten Kapitels lassen sich drei Funktionen zuordnen: Zum Ersten spiegeln die formalen und inhaltlichen Mängel der Einlagen die Tradiertheit und Mangelhaftigkeit des alten Glaubensformats für die Bedürfnisse der Dorfbewohner wieder. Der Erzähler stellt immer wieder die Sprecharten der Verse in den Vordergrund: „im Ton eines Dorfschulmädchens",[61] „weinerlich",[62] „legten wir nochmals […] los",[63] die darauf verweisen, dass weder ein tieferes Verständnis der Sprecher für das Gesagte besteht noch diese in irgendeiner Form eine spirituelle Wirkung erzielen. Dass das Fest bei den Teilnehmenden keine mystische, transzendente Atmosphäre hervorruft, steht im Gegensatz zu der das Fest umgebenden Natur, die in der Beschreibung vor wunderbaren Merkmalen überquillt. Die Sehnsucht nach einer Glaubensform, die aus einer engen Verbindung zur Natur entsteht (wie sie in Kapitel vierzehn schließlich ausdrücklich entworfen wird) ist in diesem Kapitel bereits formal angelegt: In den unnatürlichen Formen der christlichen Verse, die die Entfernung vom

---

[58] Melismatisch: mehrere Töne werden auf der selben Textsilbe gesungen.
[59] Broch (1986), S. 104.
[60] Ebd., S. 103 f.
[61] Broch (1986), S. 90.
[62] Ebd., S. 99.
[63] Ebd., S. 105.

Ursprung des Festes verdeutlichen einerseits und den stilmittelreichen, euphorischen Naturbeschreibungen im Prosatext andererseits.

Neben der Charakterisierung des Festes handelt es sich auch um eine Plausibilisierung des weiteren Handlungsverlaufs: Nur aufgrund der inhaltlichen Leere der aktuellen religiösen Praxis kann Marius in so kurzer Zeit die Dorfbewohner von seinem alternativen Weltkonzept überzeugen und sie ‚verzaubern‘.

Für die Leserperspektive stellen die Verseinlagen einen Aufbruch der starken Erzählerlenkung dar. In ihnen entfallen die persönlichen Wertungen und Raffungen des Erzählten, Erzählzeit und erzählte Zeit fallen in einer Art Zoom-Effekt zusammen. Im Fall der Verseinlagen des Steinsegens ist diese Wirkung weniger relevant als in den späteren Kapiteln, da hier die Erzählerwertung außerhalb der Verse mit der impliziten Wertung, die den Versen zu entnehmen ist, zusammenfällt. Es bleibt jedoch festzuhalten, dass die Verse eine Textebene darstellen, die nicht unter die Fokalisierung des Erzählers fällt, sodass sie potentiell auch im Gegensatz zu dessen Wertung stehen können.

2.2 Das Marschlied

2.2.1 Romananalyse

Die Verseinlage des Marschlieds steht im Kontext des neunten Romankapitels. In diesem wird durch eine Verdichtung aller literarischen Mittel bereits die dramatische Anlage der Gesamthandlung deutlich. Mehrere Anzeichen weisen auf die Steigerung des Spannungsbogens hin: Der Titel des Romans wird zum ersten Mal explizit genannt und erläutert, wenn Mutter Gisson sagt: „Wer zaubert, verführt […] wer verführt, der zaubert“.[64] Omenhafte Vorausdeutungen präfigurieren die Spannungsklimax in Kapitel zwölf, so die symbolischen Naturerscheinungen: „in dem tiefer gewordenen Himmel […] schwebte lautlos ein Raubvogel“,[65] und Mutter Gissons hellsichtige Einschätzung: „In Gefahr ist bloß die Irmgard“.[66] Die anthropomorphisierenden Vergleiche und Personifikationen werden ungewöhnlicher und spezifischer: „Der See, der […] wie ein stilles Auge zwischen den tannenbewachsenen Lidern seiner Ufer sich öffnet“[67]. Dies bewirkt eine Zunahme der durch die Naturbeschreibungen erzeugten, mystischen Stimmung. Auch das Mittel der Synästhesie wird in diesem Kapitel

---

[64] Broch (1986), S.173.
[65] Ebd., S. 160.
[66] Ebd., S. 171.
[67] Ebd., S. 161.

22

wieder aufgegriffen: „Es roch nach Stille."[68] Der Konzentration der sprachlichen Mittel entspricht die Zunahme des Konfliktpotentials auf inhaltlicher Ebene:
Marius hat aufgrund seines Charismas bereits viele Dorfbewohner davon überzeugt, dass der Bergbau mit dem Ziel, Gold zu finden, wieder aufgenommen werden sollte. Damit einher gehen zahlreiche anti-fortschrittliche Postulierungen, wie die Abschaffung elektronischer Geräte und die Konzentration auf den landwirtschaftlichen Sektor. Die Gruppierung um die Figur Wenzels nimmt militärische Züge an. Durch die konstante Bedrohung des zugewanderten Agenten Wetchy und seiner Familie verhärten sich die Fronten zwischen den Figurengruppen. Der Landarzt stellt sich auf die Seite von Suck und dem Bergmatthias, die, notfalls auch mit Waffengewalt, die Marius-Anhänger vom Berg fernhalten wollen. Sie lauern ihnen bei einer nächtlichen Aktion auf, bei der die Gruppe um den Anführer Wenzel mit dem Eindringen in den Berg beginnen möchte. Von Sucks und Matthias' Waffen sowie der Autorität des Arztes abgeschreckt, treten sie den Rückzug ins Dorf an.

Loos weist darauf hin, dass die dramatische Form bereits zur Zeit der Veröffentlichung des Romans eine deutliche Rückorientierung darstellt, im Vergleich zu den sich neu entwickelnden Erzählformen, wie sie sich insbesondere in James Joyces *Ulysses* und Thomas Manns *Joseph und seine Brüder* repräsentiert finden:

> In […] Opposition zu einer ‚unendlich verwobenen Fläche' vorgegebener Wirklichkeit und ihr korrespondierender erzählerischer Gestaltung ist der Bergroman angesiedelt, gekennzeichnet durch seine strenge Ich-Erzählperspektive, seinen zeiträumlich fixierten Handlungsablauf mit den Komponenten von Spannung, Steigerung, Peripetie und Ausklang.

Inwiefern ist dieser Formaspekt relevant in Bezug auf die hier zu behandelnde Fragestellung? Für die folgenden Ergebnisse ist es wichtig festzuhalten, dass sich Broch von der allgemeinen Entwicklung der abnehmenden Mittelbarkeit distanziert und zurückkehrt zu einer Form „fiktionaler Mitteilung von Erfahrung als Lebensweisheit", die von anderen Romandichtern bereits kritisch betrachtet wird.[69]

---

[68] Broch (1986), S. 154.
[69] Lützeler (1983), S. 120.

23

2.2.2 Formale Versanalyse

„Wir sind Männer, keine Knaben
Unsern Boden soll kein andrer haben
Wir fluchen Händlern und Agenten
Sie tun unsern Boden schänden
Wir Jungen die Zukunft in Händen halten
Ehren die Väter, hassen die Alten
Tapfer treu und keusch und rein
Im Sonnen- wie im Mondenschein."

Bei dem Marschlied handelt es sich um einen Achtzeiler, bei dem jedoch der fünfte Vers aufgrund seiner Länge im Romandruck zwei Zeilen beansprucht. Die Strophenform lässt sich nur schwer bestimmen: Es handelt sich um vierhebige, paarig gereimte Verse bei relativer Füllungsfreiheit, was für einen Knittelvers sprechen würde. Allerdings ist eben diese Senkungsfreiheit für einen Knittelvers, der sich in seiner typischen Form durch starke Annäherung an alltagssprachliche, nicht künstlich rhythmisierte Prosa auszeichnet, eher wenig genutzt. Die Stellen, an denen mehrere Senkungen hintereinander auftreten, wie beispielsweise im zweiten Vers *„unsern Boden soll kein"*, sind von metrisch streng alternierenden Versen umgeben und durchbrechen so den eigentlichen Grundrhythmus.

Das überwiegend trochäische Metrum, in Kombination mit den ausschließlich weiblichen Kadenzen, weckt Assoziationen an eine andere Strophenform, die Romanzenstrophe, wobei allerdings nicht der für diese übliche Kreuzreim vorliegt. Nimmt man an, dass die Anspielung dennoch intendiert ist, so lässt sie sich als ironisierendes Mittel deuten: Die liedhafte, gerne auch für stimmungsvolle Themen verwendete Strophenform stünde im Gegensatz zu dem betont martialischen Inhalt der Strophe.[70] Für sich genommen vielleicht eine wagemutige Deutung, findet sie jedoch Unterstützung auf inhaltlicher Ebene. So stellt die letzte Zeile eine Floskel dar, die aus romantischer Liebeslyrik entlehnt scheint, und besonders bizarr wirkt, wenn sie mit dem eröffnenden Vers der Strophe unmittelbar gekoppelt wird:

„Wir sind Männer keine Knaben [...]
Im Sonnen- wie im Mondenschein"

Ein weiterer Vers trägt komische Züge, nämlich „Ehren die Väter, hassen die Alten". Diese paradoxe Verbindung lässt sich auf zwei Arten deuten: Entweder steht „Väter" hier im Sinne

---

[70] Z.B. Nikolas Lenau: *Schilflieder*. In: Burdorf (1997), S. 103.

von ‚Urahnen' oder ‚alte Vorbilder', deren Vorbildfunktion von den momentanen „Alten" nicht mehr ausgefüllt wird. Oder der Vers stellt die Unreflektiertheit der Sprecher dar, die die Widersinnigkeit ihrer Aussage schlicht nicht bemerken. Bezieht man den Kontext der Strophe mit ein, so wird die zweite Deutung gestärkt durch die negative Wertung der Sprechergruppe durch den Erzähler.

Der schlichte Paarreim verweist auf die pragmatische Funktion des Marschliedes. Natürliche Sprachbetonung und Metrum sind in dieser Strophe besser abgestimmt als in den älteren religiösen Gesängen, wenn auch der zweite Vers metrisch nicht eindeutig ist:

X   x   X   x   x   x   alternativ: x   x   X   x   X   x
Unsern Boden soll kein   *Unsern Boden soll kein*

Im ersten Fall würde das Aufeinanderfolgen der drei unbetonten Silben den Lesefluss behindern, die zweite Variante würde einen brachialen Umbruch von Trochäen zu Jamben bzw. Anapästen bedeuten. Die Versenden (6 weibliche, 2 männliche Kadenzen) weisen eine größere Symmetrie auf als die der Prozessionslitanei. Durch sie erhalten die letzten beiden Verse eine exponierte Position. Irritierend auf syntaktischer Ebene wirkt die seltsame Verdrehung in Vers fünf mit Verbletzt- statt Verbzweitstellung.

2.2.3 Funktionsanalyse

Ebenso wie die Verseinlagen des sechsten Kapitels verfügt auch das Marschlied über drei Wirkungsebenen. Die Figurengruppe wird über die verwendeten Floskeln („Ehren die Väter", „Im Sonnen- wie im Mondenschein") als pathetisch und unreflektiert charakterisiert. Die Strophenform lässt keine ästhetische Ambition erkennen. Zweck des Liedes ist es, die Gruppengemeinschaft zu stärken und auf das gemeinsame Feindbild hin auszurichten. Die verwendeten Verben „fluchen", „schänden" und „hassen" weisen zumindest auf die geistige Bereitschaft zur Gewaltanwendung hin. Ebenso wie bei den Einlagen im sechsten Kapitel wirkt sich die Unregelmäßigkeit in der Konstruktion negativ auf den Leseeindruck aus. Dies kann nach Schneider als weicher Faktor der Sympathielenkung gewertet werden.[71] Es wird also beim Rezipienten unbewusste, unterschwellige Antipathie aufgebaut.[72]

---

[71] Schneider, Jost: Einführung in die Roman-Analyse. 2. Auflage. Darmstadt 2006. S.24.
[72] Diese Vorgehensweise steht im Gegensatz zu einer durch ‚harte Faktoren' verursachten Lenkung, die durch offene Brüche mit anerkannten Gesellschaftsnormen erfolgt. Vgl. ebd.

Als dritten Aspekt hat die Verseinlage die Funktion, die Widersprüchlichkeit der Ideologie des Marius immanent und in ihrer Umsetzung aufzuzeigen. Dies geschieht auf formaler Ebene durch die Assoziation an die Romanzenstrophe, sowie auf inhaltlicher Ebene durch Paradoxa, wie in den Versen sechs und sieben.

2.3 Gesänge während und nach der Bergkirchweih

2.3.1 Romananalyse

Wie der Steinsegen ist die Bergkirchweih ein religiöses Fest, das von der Dorfgemeinschaft gefeiert wird, und wie dieser ist sie auf das Naturphänomen des Neumonds festgelegt. Der Erzähler beschreibt die Bergkirchweih als über die Jahre an Relevanz verlierenden „Vorläufer" des jüngeren Kirchweihfests und wertet sie als „noch dürftiger als den Steinsegen" ab.[73] Die Erwartung des Doktors, dass wie üblich nur etwas Tanz und ‚Mummenschanz' stattfinden wird, wird jedoch überraschend enttäuscht: Die Gruppe um Marius und Wenzel versetzt die Dorfbewohner durch den Zwang zu orgiastischem Tanz und eine Art religiöses Theater in einen hypnotischen Zustand, dem sich auch der Landarzt stellenweise nicht erwehren kann. Im Verlauf des Schauspiels offenbaren sich durch die überzeichneten Rollen wirkliche Charaktereigenschaften der Spielenden, was Assoziationen an das barocke Motiv des *theatrum mundi* weckt. Der Anklang wird durch den an das Theater erinnernden Ruf „Aufhören … Licht!" sowie durch die Komponente des erzwungenen Tanzes, der als Vanitas-Motiv deutbar ist, verstärkt.[74] Derartige „vielfältige andere Bedeutung" von Textstellen ist eine durch Joyces Dichtung inspirierte Technik, die Broch als „esoterisch-allegorisches Verfahren" bezeichnet.[75] Die hohe Frequenz solcher nicht immer eindeutigen Anspielungen rückt eine wirklich erschöpfende Analyse des gesamten Romans beinahe in den Bereich des Unmöglichen.

Innerhalb des Theaters tritt Wenzel als „kleiner Teufel" auf, was den Landarzt sagen lässt: „jetzt zeigen Sie sich wenigstens in ihrer wahren Gestalt."[76] Marius' boshafter, demagogischer Charakter zeigt sich in dem verdrehten Bibelzitat „Fürchtet euch!", dass er zweimal schreiend den Dorfbewohnern verkündet.[77] Mutter Gisson, die im gesamten Romanverlauf Marius kritisch gegenüber steht, wird an dieser Stelle zur eindeutigen Antagonistin, denn sie

---

[73] Broch (1986), S. 250.
[74] Vgl. Broch (1986), S. 261, 278.
[75] Arendt (1955), S. 193.
[76] Broch (1986), S. 260.
[77] Ebd., S. 275, 277.

spricht das ursprüngliche Christus-Zitat: „Fürchte dich nicht".[78] Die Rollenzuweisung geht, wie hier deutlich wird, über die Grenzen der konkret Mitspielenden hinaus. Obwohl Mutter Gisson eigentlich nicht am Schauspiel teilnimmt, erhält sie verschiedene Rollen: Vom Großteil der Dorfbewohner wird sie nur noch als „Mutter" angerufen,[79] während die Marius Anhänger dieses Attribut mit der Bezeichnung „Hexe" ins negative verkehren wollen.[80] Vom Erzähler wird sie schließlich als „Erde" bezeichnet, was sich natürlich mit der ihr sonst zugedachten Anrede „Mutter" zusammendenken lässt: „,Durch keinerlei Blut werde ich erlöset' antwortete die Erde".[81] Auffällig ist auch, das der Schlachter Sabest, der zuvor keine Zeichen unterdrückter Aggression erkennen ließ, in der Ermordung Irmgards schließlich zum ‚Schlächter' wird – auch dies eine Rolle.

Das zwölfte Kapitel stellt die Klimax des Spannungsbogens dar. Durch die Vorausdeutungen in Kapitel neun angekündigt, findet die Verblendung der Dorfbewohner ihren Höhepunkt in der ritualisierten Opferung Irmgards.

Im Anschluss an das Fest fesseln und quälen die Anhänger von Marius und Wenzel in ihrem betrunkenen und berauschten Zustand den Versicherungsagenten Wetchy, was Anlass für die zweite Verseinlage, das Schmählied, ist. Die dritte Verseinlage, das Mariedl-Lied, tritt im Folgekapitel auf: Die Gruppe um den Wenzel unternimmt einen erneuten Versuch, in den Berg einzudringen, wobei bei einem Einbruch des Stollens Wenzel und Leonhard verschüttet werden. Während Wenzel noch rechtzeitig geborgen werden kann, wird Leonhard erschlagen geborgen. Das Mariedl-Lied ist ein Arbeitsgesang, der vom Erzähler als „altes unzüchtiges Pilotierlied" bezeichnet wird. Diese Bezeichnung ist jedoch eine innertextliche Konstruktion, das Lied besitzt keine Wurzeln außerhalb des Romans.

---

[78] Broch (1986), S. 275.
[79] Ebd., 275, 265.
[80] Vgl. Ebd., S. 265.
[81] Ebd., 275.

2.3.2 Formale Versanalyse

I.

„Der Pfarrer will den Lindwurm,
der schreit: so ein Graus,
willst ein Drachen, so bleib'
bei der Köchin zu Haus."

„Und die Erd' hat den Himmel
und der Himmel die Erd'
und wenn sie getrennt sind,
gibt's Feuer und Schwert.

„Der Drach' hat die Jungfrau,
die Jungfrau hat den Drach'
und wenn er sie anschaut,
dann wird ihm so schwach."

Und der Himmel ist der Vater
seine Braut tut er segnen,
aber nimmt man ihm's Weib,
so kann er nit regnen.

Kann der Vater nit regnen
so gibt's auf der Welt
nur Krieg und Mißernt'
und das Vieh ist verfehlt.

Die Mütter die bösen
die häßlichen Hex'
verkaufen die Jungfrau
an Schlang und Eidechs'.

Die Riesen, die Drachen
die Leut' von der Nacht
haben's Weib ihm genommen
und eingraben im Schacht.

Und will die Mutter die böse
die Welt gar regieren,
da müssen die Mannsleut'
sie hinausexpedieren.

Bei diesen Verseinlagen handelt es sich um acht Vierzeiler mit durchgängig zwei Hebungen. Zweihebige Versen lassen sich keiner Gedichtform im deutschen Raum zuordnen. Die Form verweist also auf das Spruchhafte der Strophen und kann als Hinweis auf ihre Konzeption durch Laiendichter ohne besonderen artifiziellen Anspruch gedeutet werden. Auffällig sind vor allem die sehr freien Senkungsfüllungen, die das überwiegend anapästische Metrum durchbrechen und die Sprache in die Nähe alltagssprachlicher Prosa rücken. Für die Kadenzen lässt sich kein regelmäßiges Schema ermitteln. Die Reimform ist ein durch Waisen unterbrochener Kreuzreim, wobei immer der zweite und vierte Vers jeder Strophe gereimt sind. Zwischen den ungereimten Versen bestehen teilweise Assonanzen, beispielsweise in der dritten Strophe durch die beiden „i" in den Worten „Himmel" und „sind".

Inhaltlich lassen sich die Strophen 1 und 2, 3 bis 6, sowie 7 und 8 zusammenfassen. Die ersten beiden Strophen entsprechen der epigrammatischen Anlage des Vierzeilers in der modernen, humoristisch-satirischen Ausprägung.[82] Die Pointe und damit der Fokus auf die jeweils letzte Zeile beider Strophen wird durch die Reimung des jeweils zweiten Verspaares unterstützt.

---

[82] Metzler Lexikon Literatur (2007), S. 195.

Die Strophen drei bis fünf weisen keine humoristischen Züge mehr auf. Sie aktivieren stattdessen archaische Topoi, wie den Krieg mit „Feuer und Schwert" und die aus Naturvölkern stammende Vorstellung von ‚Mutter Erde' und ‚Vater Himmel'. Wie bereits beim Steinsegen stellen die Strophen inhaltlich eine Mischung aus allgemeinem naturreligiösem (s.o.) und speziellem regionalem Gedankengut dar (die Sage vom Drachen im Kuppron). Ähnlich wie zwischen den Inhalten des Marschlieds und des Pilotierlieds (Keuschheit vs. Anzüglichkeit) besteht hier der Widerspruch zwischen den Strophen 1, 2 und 3-6: Während die Frau als generalisierte Figur in der ersten Strophe mit einem Drachen verglichen wird, ihr also implizit alle möglichen negativen Eigenschaften zugeschrieben werden, postuliert das Himmel-Erde-Bild Frau und Mann als Einheit, die nicht getrennt werden darf. Wie in dem Vers „Ehren die Väter, hassen die Alten" innerhalb des Marschlieds besteht der Widerspruch zwischen dem ideologischen Konstrukt und den Urteilen über die irdische, reale Welt, der jedoch aufgrund der fehlenden Reflexion der Figurengruppe nicht aufgedeckt wird.

Während in Strophe sechs die Fantasiegestalten Riese und Drache wieder aufgegriffen werden, die scheinbar in der Erzähltradition des Dorfes tradiert sind und das klassische Feindbild darstellen, lenken die Strophen sieben und acht durch eine Modifizierung der Sage das Feindbild auf eine neuentworfene, herrschsüchtige Mutterfigur um. Diese habe nämlich, was aus den Strophen während des Steinsegens nicht hervorging, die Jungfrau an den Drachen ausgeliefert, der ohne die Mithilfe der Mutter die Jungfrau gar nicht hätte stehlen können. Diese Verse bilden in gewisser Weise einen Zirkelschluss zur ersten und zweiten Strophe, in der, allerdings noch auf humoristische Weise, die herrschsüchtige Hausfrau kritisiert wurde. Die letzten Strophen, auch wenn sie von den Zuschauern lachend aufgenommen werden, haben für sich genommen keine humoristischen Anzeichen mehr.

Die zweite Verseinlage des Kapitels, das Schmählied, hat die eingängige Form eines Vierzeilers mit sehr kurzen, nur zweihebigen Versen:

II.

„Wer hat dich gerufen
du blöder Agent
stiehlst du unser Geld,
so geht's jetzt zu End."

Das Metrum ist auf regelmäßige Weise ein Jambus plus Anapäst, im ersten Vers allerdings in hyperkatalektischer Ausführung mit einer Nachsilbe. Die Kadenzen sind demensprechend bis auf die erste weibliche Versendung durchgehend männlich. Auch in dieser Strophe decken sich Vers- und Satzakzent nicht vollständig. Im ersten Vers würde eine sinnunterstützende Hebungsverteilung auf dem Fragewort „wer" und nicht auf der Verbform „hat" liegen. Die Strophe weist keine bildhaften Mittel auf, was das rein funktionale Anliegen der Sprecher offenlegt. Das Lied dient lediglich der Einschüchterung des Agenten, es hat intentional keine künstlerische Komponente. Dafür spricht syntaktisch auch die straffe, drohende Konditionalkonstruktion der Verse drei und vier. Durch die Kürze und den (unvollständigen) Kreuzreim ist die Strophe eingängig und ermöglicht so ihren Zweck, möglichst schnell vielen Dorfbewohnern das Mitsingen zu ermöglichen.

III.
„Schöne Mariedl jetzt hauen wir in ein,
Hauen wir ihn ein,
Und einmal auf (Pumm)
Und zweimal tief (Pumm)
Und dreimal auf (Pumm)
Und viermal tief (Pumm)
Schöne Mariedl jetzt hauen wir ihn ein (Pumm)
Schöne Mariedl jetzt hast du ihn drin. "

Beim Mariedl-Lied handelt sich um einen Achtzeiler, dessen auffälligstes Merkmal in den unterschiedlichen Hebungszahlen seiner Verse liegt. Burdorf schreibt dieser Gedichtform „aus sehr verschieden langen Zeilen" eine besondere Einprägsamkeit zu und analysiert in diesem Zusammenhang das berühmteste lyrische Werk dieser Form, Goethes *Nähe des Geliebten* („Ich denke dein, wenn mir der Sonne Schimmer/Vom Meere strahlt").[83] Mit Hinblick auf die fehlende Symmetrie und den Inhalt des Mariedl-Liedes scheint jedoch eine Einordnung in diese Dichtungstradition nicht sinnvoll. Unter Berücksichtigung der Äußerungsform (Gesang) sowie der geographischen Kontextualisierung der Handlung (oberdeutsche oder österreichische Alpenregion), rückt jedoch eine andere Form als Referenz in den Fokus: die *Zwiefacher*. Diese sind

> Rundtänze, bei denen innerhalb eines Melodieabschnittes Walzer (3/4)- und Dreher (2/4)-Takte […] wechseln. […] Der Takt- und Schrittwechsel kann in regelmäßiger oder unregelmäßiger Folge auftreten, wobei eine Fülle von Kombinationen […] möglich ist.[84]

Die ursprünglichen Verbreitungsgebiete dieser Tanzform liegen in der Oberpfalz, Abensberg, dem Nördlinger Ries und Oberfranken. Der Name des Zwiefacher stammt nicht vom unge-

---

[83] Vgl. Burdorf (1997), S. 98.
[84] Die Musik in Geschichte und Gegenwart. Sachteil 9. 2. Auflage. Hg. v. Ludwig Fischer. Kassel 1998. S. 2502.

wöhnlichen Rhythmus her, sondern von der Form des Tanzes, die als Paar bei körperlich großer Nähe ausgeführt wird. Es handelt sich also, bei aller Kunstfertigkeit, die zur Komposition und musikalischen Ausführung nötig ist, nicht um eine strenge und distanzierte Tanzform, wie beispielsweise den Tango, sondern durchaus um einen Tanz mit erotisch-lustvoller Komponente. Der inhaltliche Bezug zwischen der Tanzliedform des Zwiefachers und dem Mariedl-Lied ist damit augenfällig, es bleibt, diesen auch formal nachzuweisen.

Das Geräusch des doppeldeutigen Pfosteneinschlagens ist in der Strophe in Klammern angegeben. Es erklingt der Form nach also nicht gleichzeitig mit dem Gesang, sondern fügt jedem Vers eine weitere auditive Einheit hinzu. Addiert man diese zu den gesungenen Hebungen, so ergeben sich folgende Hebungszahlen: 4 / 2 / 3x3 / 4+1 / 4. Teilt man die vierhebigen Verse in zweihebige Einheiten, so ergibt sich folgender Rhythmus: 2+2+2+3+3+3+2+3+2+2. Dies entspricht nun nicht dem typischen alternierenden Rhythmus des Zwiefachers, andererseits ist dieser, wie zitiert, bis auf den obligatorischen Wechsel der Taktzahlen formal auch nicht strikt festgelegt. Weiter besteht die Übereinstimmung zwischen dem Mariedl-Lied und der Zwiefacher-Form im häufig vorkommenden, wenn auch nicht obligatorischen, anzüglichen Inhalt (Vgl. andere Zwiefacher-Titel wie *Schaufelstiel brich net* oder *s'Luada*).[85] Ob das Mariedl-Lied tatsächlich in seiner Ausführung als Tanzlied gedacht ist, kann bezweifelt werden, aber es schafft zumindest formal eindeutige Assoziationen an die hier beschriebene Liedform. Interessant ist vor allem die Gegenüberstellung dieser Verseinlage mit den letzten Zeilen des Marschliedes. Die Beteuerung: „Tapfer, treu und keusch und rein" erfährt hier eine krasse Widerlegung, die als Charakterisierung auf zwei Ebenen gedeutet werden kann: Auf Ebene der Figuren oder auf Ebene der Ideologie.

2.3.3 Funktionsanalyse

Die Verseinlagen des zwölften und dreizehnten Kapitels lassen sich bereits bekannten Funktionen zuordnen, allerdings mit inhaltlichen Erweiterungen:

Auch diese Verseinlagen charakterisieren die Figurengruppe um Marius und Wenzel. Die erste Einlage zeigt implizit das auskalkulierte, strategische Vorgehen, mit dem die Zustimmung der Dorfbewohner erreicht wird, auf. Die Verse eröffnen humoristisch, um die Sympathie der alkoholisierten Zuhörer zu gewinnen, führen dann über mystische Inhalte, wobei sie tradierte, dem Publikum bekannte Elemente der Dorfsagen miteinbinden, und leiten schließlich zum gemeinsamen Feindbild, der ‚herrschsüchtigen Mutter', hin, mit dem auf Mutter Gisson abgezielt wird. Es handelt sich um rein pragmatisch konstruierte Strophen, die jedoch

---

[85] http://www.stammtischmusik.at/noten/sluada.htm, http://www.stammtischmusik.at/noten/schaufelstiel.htm.

ab der dritten Strophe einen transzendenten Inhalt vorgeben. Inhaltliche Widersprüche ergeben sich durch die Gegenüberstellung des Marschliedes mit dem Mariedl-Lied: Dem als oberste Maxime propagierten Charaktermerkmal der Keuschheit wird in diesem widersprochen. Der Widerspruch kann als Charakterisierung der Gruppenteilnehmer als inkonsequent und unreflektiert gewertet werden, oder als Merkmal der Ideologie, die ihre wahren Zielsetzungen hinter dem Deckmantel scheinbarer Maximen verschleiert. In beiden Fällen handelt es sich in Bezug auf den Rezipienten um die Erzeugung von Antipathie für die Figur des Marius. Das Schmählied auf den Agenten Wetchy legt offen, was unter der Vorgabe großer Begriffe wie Keuschheit, Männlichkeit und Gerechtigkeit tatsächlich die zentralen Bestrebungen der Gruppierung sind, nämlich Machtausübung und straffreie Gewaltanwendung.

All diese Schlüsse beziehen sich auf implizite und explizite Charakterisierungen durch die Verseinlagen. Welche Informationen gibt die formale Gestaltung der Verse in Bezug auf die Ästhetik des Romans?

Zentral für Brochs Vorstellung einer Dichtung, der es gelingt, das Metaphysische in seiner Form darzustellen und gleichzeitig zu verkörpern, ist das Kriterium der Liedhaftigkeit. Über die Problematik dieses Begriffes hatte ich bereits im ersten Kapitelpunkt gesprochen und leider wird die Diffusität, die der Begriff an sich bereits innehat, durch Brochs Ausführungen eher verstärkt:

> [E]s ist jener methusalemisch jenseitige Einheitsraum einer Gleichzeitigkeit, in dem der Sinn kaum mehr der Sprache bedarf, da Anfang und Ende jeder Abfolge, ohne diese zu zerstören, in eins zusammenfallen, und die Zeit, ohne daß sie aufgehoben wird, sich ins Räumliche wendet, in jenen […] Einheitsraum, der im stummsten Traum-Nirgendwo ist und *dennoch sein Dasein als Musik ganz durchsichtig, ganz hell erahnen läßt.*[86]

Bei aller fehlenden Trennschärfe des Begriffs können, unabhängig von Brochs persönlicher Definition, als Bedingungen von Liedhaftigkeit sicher ein regelmäßiger Rhythmus unter Ausschluss von Elementen, die den Melodiefluss stören, sowie eine zyklische, parallelistische Anlage angesehen werden. Keine der Verseinlagen, die von der Gruppierung um Marius und Wenzel konzipiert sind, erfüllt diese Kriterien: Die Gesänge der Bergkirchweih verfügen nicht über ein regelmäßiges Metrum und weisen zudem Kollisionen von Vers- und Wortakzenten auf. Das Mariedl-Lied besitzt keine regelmäßige Versanlage. Das Schmählied ist zwar formal regelmäßig, allerdings von solcher Kürze und geringer Hebungszahl, dass ein liedhaf-

---

[86] Arendt (1955), S. 243. Im Original nicht kursiv.

ter Charakter gar nicht entstehen kann. Die gedankliche Ferne der Figuren von dem erkennbar idealisierten Konzept des Romans drückt sich also, und dies ist eine eindeutige Wertung der Figuren und ihrer Denkweise, auch in der Form ihrer Dichtungen aus.

2.4 Die Begegnung zwischen Landarzt und Agathe

2.4.1 Romananalyse

Das Zusammentreffen zwischen Landarzt und Agathe findet bereits in Kapitel fünf, also im Roman früher als alle bereits analysierten Versabschnitte, statt. Der inhaltliche Kontext lässt sich schnell umreißen: Peters Mutter macht sich Sorgen, dass ihr Sohn vom Marius verhext worden sei, und bittet den Arzt, sich der Sache anzunehmen. Der Arzt erklärt sich dazu bereit, Marius, gegen den er bereits zunehmend skeptisch geworden ist, zur Rede zu stellen, besucht jedoch zuvor die von Peter geschwängerte und verlassene Agathe. Es ergibt sich ein Dialog, von dem der im Folgenden analysierte Abschnitt einen Redeanteil Agathes darstellt. Agathe erklärt dem Arzt, dass Peter sie als Hexe bezeichnet hat. Im Anschluss an dieses Zusammen-treffen sucht der Landarzt Marius auf, um ihn zur Rede zu stellen, aufgrund der gegenseitigen Abneigung sowie verschiedenen weltanschaulichen Modellen haben die Argumente des Arztes jedoch keine Wirkung.

Zentrales Thema des Kapitels ist die Denunziation Agathes durch Peter, der unter dem Einfluss Marius' steht. Wie auch in den meisten anderen Kapiteln wird auch hier das Thema konkret benannt, innerhalb der Verseinlage sogar mehrfach: „Jetzt aber bin ich eine Hexe […] Da hat er mich Hexe genannt".[87] Aus Sicht des Rezipienten ist also eher die Wertung des Geschehens als die Identifikation des Themas problematisch. Die Schwierigkeit der Wertung wird verstärkt durch die Kompositionsstruktur. Das Kapitel beginnt mit einer Deskriptionsse-quenz und endet mit einer Rechtfertigung der Erzählstruktur durch den Erzähler.[88] Es ist also durch das Eingerahmtsein von Erzählerabschnitten erzählerzentriert angelegt, die Figur des Erzählers ist jedoch nach wie vor charakterlich wankelmütig angelegt. Der positiven Wertung Marius' zu Beginn des Kapitels: „Aber im geheimen imponiert mir die Energie, mit der der Marius seine Ideen durchsetzen will"[89] widersprechen die zahlreichen negativen Wertungen nach dem Gespräch mit Agathe, beispielsweise die Feststellung: „Zweifelsohne war er ein

---

[87] Broch (1986), S. 71.
[88] Vgl. Ebd., S. 84.
[89] Ebd., S. 62.

Narr.“[90] Für den Rezipienten handelt es sich also um einen unzuverlässigen Erzähler, dessen schwankende Wertungen nahelegen, dass mehrere Aspekte der Handlung von ihm in veränderter Form dargestellt werden.

Wie sind die Figuren außerhalb der dezidierten Wertungen beschrieben? Marius wird als arrogante, bevormundende Figur dargestellt, die in gefährlichen Situationen eine durchtriebene Schläue aufweist.[91] Im Zusammentreffen mit Wenzel offenbart sich seine Gewaltbereitschaft: „der Kleine […] wurde soeben von Marius, der ihn an der Brust gepackt hielt, in halber Höhe über dem Sitz gehalten und hin und her geschüttelt“.[92] Agathe ist als Gegenfigur Marius‘ entworfen: Als der Arzt sie antrifft, ist sie völlig in ihre Beschäftigung versunken und verhält sich außerhalb der Verseinlage wortkarg, ihre Sätze sind meist elliptisch. Sowohl Agathes Verhalten, nämlich ihre Konzentration auf das momentane Geschehen, als auch ihre zurückhaltende Sprechweise sind kongruent mit den Verhaltensratschlägen, die implizit aus Mutter Gissons religiöser Weltsicht hervorgehen. Diese lassen sich an zahlreichen Textstellen ablesen:

> [T]ot sind nur die leeren Worte und sie führen in einen Tod, der ein Nichts ist und eine Finsternis, was aber wahrhaft hier geschieht, das reicht über den Tod hinaus und macht ihn lebend, jedes Kind, das in Liebe gezeugt und geboren wird, jedes Feld, das bestellt wird, jede Blume, die gepflegt wird.[93]

Der Grundgedanke dieser Äußerung findet sich in auffälliger Weise in einer Ausführung des Autors selbst wieder:

> Denn im Mythischen enthüllt sich der Menschenseele Grundbestand, und er enthüllt sich ihr, da sie ihn im Geschehen der Welt, im Geschehen der Natur wiedererkennt und zur Aktion bringt.[94]

Marius widerspricht durch seine pathetische, aus formelhaften Versatzstücken zusammengesetzte Sprechweise der Postulierung beider Aussagen, sich intensiv der aktuellen Lebenssituation zuzuwenden und Hinweise einer transzendenten Ebene in ihr zu erkennen. Wiederholt kreisen seine Monologe um die großen Begriffe seiner Ideologie: „Das ist das Recht, und um der Gerechtigkeit willen muß es so sein.“; „Brot ist Brot […] und doch ist unser Brot kein Brot mehr. […] Brot.“[95]

---

[90] Broch (1986), S. 62, 74.
[91] Vgl. Ebd., S. 74, 84.
[92] Ebd., S. 76.
[93] Ebd., S. 308. Kursive Hervorhebung nicht im Original.
[94] Arendt (1955), S. 239. Kursive Hervorhebung nicht im Original.
[95] Broch (1986), S. 74, 79. Kursive Hervorhebung nicht im Original.

An dieser Stelle muss ein weiterer Aspekt des metaphysischen Modell Brochs beschrieben werden, um das Ausmaß der negativen Darstellung zu erfassen, die Marius über seine Denk- und Sprachweise zukommt. Mark Roche beschreibt diesen Aspekt folgendermaßen:

> In jedem Wertesystem ist nach Broch der höchste Wert undefinierbar und irrational. Broch nennt einige solche Werte: ‚Gott‘, ‚Schönheit‘ und ‚Gerechtigkeit‘. Der wahrhafte Christ des Mittelalters, meint er, habe Gott dadurch gedient, daß er gute Arbeit um ihrer selbst willen und ohne direkten Bezug zu einem unendlichen Wertziel verrichtet habe.[96]

Aus dieser Perspektive heraus ist Agathes anfängliche Sprachlosigkeit und ihr häufiges Stocken als positives Charaktermerkmal zu werten: Sie erkennt, im Gegensatz zu Marius, die Unaussprechbarkeit der tiefsten Lebenswahrheiten. Die Beschreibung von Agathes Weltsicht durch den Erzähler ist schon beinahe eine Paraphrasierung von den Darlegungen des Autors in seinem Essay *Die mythische Erbschaft der Dichtung*:

> Ihre Gedanken sind anderswo, nirgendswo, sind bei einem Glück, das sie nicht denken kann, weil Gedanken nicht viel mehr sagen, wie: ‚Jetzt muss ich nähen‘, ‚Jetzt muss ich kochen‘, ‚Der Vater ist auf dem Felde‘; sie kann es nicht denken, weil das Gedachte nicht darin liegt, nicht im Aussprechbaren, sondern in dem runden weichen Schwung der Nadel, […] im Knistern des Herdfeuers und im Schlafen und Wachen und in dem Strom des Zeitwerdens.[97]

Mutter Gisson und der Agent Wetchy greifen dieses metaphysische Konzept im vierzehnten Kapitel mehrmals in unterschiedlichen Kontexten wieder auf und verdeutlichen so seine Relevanz für den Roman.

2.4.2 Formale Versanalyse

Die Verseinlagen des fünften Kapitels haben die Form freier Verse, es handelt sich also um ungereimte, in ihrer Länge variierende Zeilen mit freien Hebungen und Senkungen:

---

[96] Roche, Mark: Die Rolle des Erzählers in Brochs *Verzauberung*. In: Lützeler (1983), S. 131.
[97] Broch (1986), S. 68.

„Zwei Kühe haben wir im Stall und das Jungkalb. "
„Ja", sagte ich, „ich weiß"
„Wenn das Kälbchen trinken will, neigt es den Hals,
„Und es hebt den Kopf. Seine Lippen werden lang
„Und weich. Und es kniet. "
„Ja", sagte ich, „so trinken die Kälber. "
„Sein Fell riecht ganz nach Milch. Auf der Stirne
„Ist es dicht und schwarz. Es hat noch keine Hörner.
„Die Stirne ist hart und flach und schwer.
„Zum Trinken hebt es den Kopf. "
„Ja", sagte ich.

„Die Mutter leckt seine Stirne und seine Flanken.
„Sie leckt seine Schenkel.
„Würde man es bei der Mutter lassen, so würde sich die Mutter
„Von dem Kälbchen leer trinken lassen.
„Es muss alleine schlafen. "
„Und auch die Mutter schläft allein. Doch immer
„Wendet sie den Kopf nach dem Kinde. "
„Die Nacht ist dunkel und sehr groß. Der Mond
„Trägt einen weißen Bauch und läßt ihn zu
„Meinem Bett hinfließen,
„Und ich habe nichts, wohin ich schauen kann. "
„Doch wenn wir hier saßen des Nachts, da war die Nacht
„Wie eine Kuh, die atmet, und ich habe
„Mein Gesicht gehoben, so weich war mein Mund.
„Da war es hell. "
„Zwischen den Hörnern der Nacht ist das Gewitter
„Gekommen, und es hat gesungen
„Wie die Sonne. "
„Ich trank das Gewitter und seine Milch
„Die Milch der Gewitter trank ich und ich war
„Weiß wie der Mondbauch und schön. "
„Jetzt aber bin ich eine Hexe. "

„Warum, ach, bist du von mir gegangen?
„War er stärker als die Nacht?
„War er stärker als das Gewitter
„Stärker als zwanzig Blitze? "
„Zwanzig Rinder und zwanzig Stiere
„Tanzen um meine Brüste
„und ihre Hufe umtanzen
„Mein Lied.
„Du aber bist davongegangen
„Weil der Schwache dich rief, der,
„Welcher einen kaum hütet. "

Durch die Segmentierung lassen sich die Einlagen eindeutig von der sie umgebenden Prosa abgrenzen, denn „[d]ie Zeilenbrüche schaffen neue, von der Prosa abweichende graphische und rhythmische Einheiten".[98] Die Verse sind allerdings nicht graphisch eingerückt, fügen sich also stärker in das Gesamtbild des Textes ein. Formal sind die Abschnitte von allen anderen Verseinlagen durch die Anführungszeichen zu jedem Zeilenbeginn hervorgehoben. Diese besondere Form erzeugt mehrere, miteinander verknüpfte Effekte: 1. Der jeweils neue Sprechansatz und die Herausstellung des Zeilenbeginns verdeutlichen die Isolation der einzelnen Verse und stellen neue semantische Bezüge her. So erhalten beispielsweise in Strophe drei und vier die Verse „Wie die Sonne" und „Mein Lied" durch die Abtrennung von ihren Bezugssätzen eine Eigenständigkeit. 2. Durch das Aufbrechen der syntaktischen und semantischen Zusammenhänge entsteht eine Verselbstständigung der sprachlichen Mittel gegenüber den ausgesagten Inhalten, wie beispielsweise im achten Vers der zweiten Strophe: „Die Nacht ist dunkel und sehr groß. Der Mond". Das klangliche und durch Assoziationen bewirkte emotional-stimmungsvolle Erlebnis rückt hier vor dem kognitiven Prozess der Inhaltserfassung in den Vordergrund. 3. Die durch diese Form erzeugten Sprech- beziehungsweise Lesepausen unterstreichen den verinnerlichten Zustand der Sprecherin. Gleichzeitig geben sie dem Leser Raum, das Klangerlebnis, das hier stärker als bei den bisher analysierten Verseinlagen hervortritt, wirken zu lassen.

Der deutliche formale Einschnitt zu jedem Versanfang steht in einem Spannungsverhältnis zu den zahlreichen Enjambements, die zwei oder mehr Verse miteinander verbinden. Beim Lesen entsteht aus diesem Gegensatz – so wie bei einem Gegensatz von Vers- und Wortakzent eine ‚schwebende Betonung' entsteht – eine ‚schwebende Pausensetzung', eine Zwischenstufe zwischen Satzfluss und deutlichem Absatz.

Bei all dieser formalen Freiheit der Verse verfügen sie jedoch auch über ein ordnendes Element, das allerdings aufgrund der graphischen Einbettung im Text nicht sofort offensichtlich wird: Ihre jeweilige Gruppierung in elf Zeilen. Aufgrund dieser Regelmäßigkeit werde ich auch in diesem Kapitelpunkt weiterhin den bisher verwendeten Begriff der ‚Strophe' verwenden. Er ist zwar für diese Verseinlagen anfechtbar, aber er gewährleistet gute Nachvollziehbarkeit und vereinfacht die Referenz. Die Ordnungszahl Elf lässt sich als innertextueller Verweis auf das von Mutter Gisson in Kapitel vierzehn verwendete Metrum des Endecasillabo deuten. Der Bezug über die formelle Gestaltung kann als Hinweis sowohl für die genetische als auch weltanschauliche Verbindung beider Figuren verstanden werden.

---

[98] Burdorf (1997), S. 121.

Nach diesen rein formalen Aspekten soll nun Sprache und Inhalt der Verse untersucht werden. Stärker als bei den bisher analysierten Einlagen ist bei den Strophen des fünften Kapitels eine Abweichung von normalsprachlicher Rede vorhanden. Agathes Aussagen sind auf einer primären semantischen Ebene häufig nicht sinnvoll und von ihrer Form her dem Sprechanlass unangemessen, auch wenn dies vom Doktor, mit dem Agathe sich - zumindest äußerlich – in der Situation eines Gesprächs befindet, nicht thematisiert und (so lässt sich aus seinen Nachfragen schließen) sogar gar nicht bemerkt wird. Mit Hinblick auf die besondere sprachliche Gestaltung wird schnell deutlich, dass diese Verseinlagen nicht mehr ausreichend mit den traditionellen lyrischen Analysetechniken erschlossen werden können. Bilder, Metaphern und Symbole sind zwar noch identifizierbar, lassen sich jedoch aufgrund der Auflösung kohärenter Sinnzusammenhänge nur noch in sehr eingeschränktem Maß für die Interpretation produktiv machen. Für eine tiefere Erschließung des Textes ist es zusätzlich unerlässlich, Bild- und Themenfelder herauszuarbeiten, den Aufbau und die Zerstörung von Bedeutungszusammenhängen zu beschreiben und, wenn möglich, zu deuten.[99] Eben nach dieser Methode werden die Verse im Folgenden untersucht.

Thematisch lässt sich der Abschnitt in drei Einheiten einteilen. In den ersten achtzehn Zeilen spricht Agathe von den Tieren auf dem Hof: „Zwei Kühe haben wir im Stall und das Jung-kalb", wobei sie im weiteren Verlauf besonders auf die Beziehung zwischen Muttertier und Kalb eingeht. Die Interpretation liegt nahe, dass Broch sie damit implizit auf ihre eigene Situation, ihre Schwangerschaft, anspielen lässt. Gleichzeitig wird in der Nennung der Tiere die Zahl Drei evoziert, die durch die dreimalige Bejahung durch den Doktor in Strophe eins wiederholt wird. Es folgt die Beschreibung der Mondscheibe in Form einer Anthropomorphisierung („trägt einen weißen Bauch"), im Bild des runden Bauches drückt sich erneut Agathes mentales Kreisen um die Thematik der Schwangerschaft aus. Die Verbindung des Nomens „Bauch" mit dem semantisch nicht passenden Verb „hinfließen" bewirkt einen Bruch und fordert die Abstraktionsleistung des Rezipienten: „Der Mond/ trägt einen weißen Bauch und lässt ihn zu/ meinem Bett hinfließen".

Eine sinnvolle Deutung wäre, dass es sich bei dieser Aussage um die bildhafte Beschreibung der Mondscheibe (Bauch) und des Mondscheines (hin(ein)fließen) handelt. Eine Übersetzung lautete dann in etwa: „Der runde Mond lässt seinen Schein in mein Fenster fließen". Es darf jedoch nicht übersehen werden, das der Effekt der Verse ein anderer ist: Mit die Lockerung der Referenzbezüge und einer Entfernung von der „pragmatischen Funktion der Sprache […]

---

[99] Vgl. zum Problem der konventionellen Analysetechniken bei moderner Lyrik: Burdorf (1997), S. 143.

geht eine Aufwertung und Verselbstständigung der Einzelwörter" einher.[100] Die Wirkung der Worte „Bauch" und „hinfließen" haben in der Verbindung mit dem Mond eine eigene bildlich-unheimliche Qualität, die nicht durch die rationalisierende Umdeutung des ‚tatsächlichen' Erzählgeschehens ersetzt werden kann. Auch der fazithafte letzte Vers der zweiten Strophe verlangt eine Lesart, die über den primären Wortsinn hinausgeht. Agathes Feststellung: „Und ich habe nichts, wohin ich schauen kann" besitzt ohne Rezeption auf Metaebene keine Aussagekraft, denn tatsächlich kann das Mädchen nachts in ihrem Zimmer wahrscheinlich schauen, wohin sie will. Was jedoch ausgedrückt wird, ist das Gefühl der Ausweglosigkeit und Zukunftsangst, das bis zu diesem Erzählstand vom Leser als emotionale Reaktion auf ihre partnerlose Schwangerschaft gedeutet werden kann. Sowohl die Beschreibung der Tiere als auch die des Mondes über das Bild des runden Bauches evozieren das Thema Elternschaft. Der Begriff der Ausweglosigkeit kann aus einer späteren Perspektive heraus noch eine weitere Deutung erfahren.

Die dritte Strophe ist inhaltlich am abstraktesten, das beschriebene Geschehen lässt sich kaum noch ‚übersetzen'. Trotzdem lassen sich anhand der Art der Beschreibung konkrete, intersubjektive Anhaltspunkte identifizieren, von denen die hier versuchte Deutung ausgeht und auf die sie sich stützt.

Agathe beschreibt eine nächtliche Situation, die sie mit einer anderen Person erlebt hat („wenn *wir* hier saßen des Nachts"). Da sich der erste Vers der folgenden Strophe leicht auf Peter beziehen lässt, ist es naheliegend, ihn auch hier als zweite Person anzunehmen. Das aufziehende Gewitter kann als apokalyptisches Zeichen gedeutet werden, während die neologistische Verbindung „Hörner der Nacht" zwei dionysische Elemente, das phallisch deutbare Horn sowie die Zeit der Nacht als Zeit der Entfesselung beinhaltet. Möglich wäre also, dass Agathe in dieser Strophe ihr sexuelles Erlebnis schildert. Den gewaltvollen, dionysischen Elementen stehen die plötzliche Helligkeit und das Trinken der Milch als Verinnerlichung von etwas Weißem, Reinem gegenüber. Durch die nicht mehr deutbare Genitivkonstruktion „Milch der Gewitter" wird der Gegenstand der Aufnahme, die Milch, mystifiziert. Die Aussage „Da war es hell" ist durch ihre auffallende Kürze mit einem anderen Vers formal verbunden: „Wie die Sonne". Beide Verse sind durch die Segmentierung hervorgehoben und lassen sich als typisierte Elemente einer Offenbarungssituation deuten. Für diese Auslegung spricht die Wiederholung des Aufnahmeprozesses als Chiasmus, dem lediglich das flektierte Verb „sein" hinzugefügt wird:

---

[100] Burdorf (1997), S. 135.

„Ich trank das Gewitter und seine Milch

„Die Milch der Gewitter trank ich *und ich war*“.

Der Vergleich im darauffolgenden Vers („weiß wie der Mondbauch“) ist durch die Segmentierung vom Subjekt ‚ich‘ isoliert.

Auffällig ist die Parallele in der Beschreibung des Trinkvorganges zwischen dem beschriebenen Jungkalb und Agathe:

(Str. 1:)
„Und es hebt den Kopf. Seine Lippen werden lang / „Und weich. Und es kniet.“

(Str. 3:)
„[…] und ich habe / „Mein Gesicht gehoben, so weich war mein Mund“

Dieser Parallelisierung folgt unmittelbar der als Erleuchtungssituation deutbare Satz „Da war es hell.“

Der Bezug zwischen Agathe und dem Kalb wird ein weiteres Mal hergestellt, allerdings im Prosaabschnitt durch den Erzähler: „sie wird vielleicht auch so genäschig sein, die Milchhaut […] in den *weichen Mund* zu stecken.“[101] Insgesamt existieren durch die Parallelen also drei Textstellen, die Agathe und das Kalb verbinden, das selbst Teil einer Dreiheit ist („zwei Kühe […] und das Jungkalb“). Diese Dreiheit wird durch den Erzähler in der ersten Strophe dreimal durch ein „ja“ bekräftigt. Die Zahlensymbolik steht in Verbindung mit einem ausgeprägten archaistischen Wortfeld, das Assoziationen an biblische Beschreibungen oder sogar konkrete Bibelstellen weckt („Da war es hell.“[102], „Warum, ach, bist du von mir gegangen?“[103]). In dieser Kombination liegt die Deutung der Dreiheit als Dreifaltigkeit nahe. Wenn Agathe also (vielleicht auch unbewusste) Bezüge zwischen sich und dem Kalb herstellt, so setzt sie sich in die Position der jüngsten Figur innerhalb der Dreieinigkeit, die Christus ist. Auf einer abstrakteren Ebene weist sie sich damit die Rolle einer Erlöserfigur zu, einer Position, die sie in der vierten Strophe Marius absprechen wird. Aus dieser Erkenntnis heraus lässt sich der beschriebene Angstzustand der ersten Strophe noch auf einer anderen Ebene deuten: Als Angst vor

---

[101] Broch (1986), S. 73, im Original nicht kursiv.
[102] Vgl. Mose, 1,3: „Und es ward Licht.“
[103] Vgl. Matthäus 27, 46: „Mein Gott […] warum hast du mich verlassen?“

der Aufgabe, die Agathe für sich nach dem Tod Mutter Gissons erahnt, nämlich die neue spirituelle Führungsfigur der Dorfbewohner zu werden.

Die letzte Strophe beinhaltet die Anrufung und Anklage Peters sowie die Abwertung des Marius: „Weil der Schwache dich rief, der,/ Welcher einen kaum hütet." Das Verb „hütet" weckt das Bild des christlichen Erlösers als Hirte (Christus-Zitat: „Ich bin der gute Hirte" Joh., 10, 11) und spricht Marius jegliche Fähigkeit ab, ebenfalls die Rolle eines Erlösers einzunehmen. Das Bild des Hirten wird an späterer Stelle nochmals indirekt aufgegriffen, wenn die Dorfbewohner im Verlauf des Bergkirchweih-Kapitels vom Erzähler als „Herde" bezeichnet werden.[104] Augenfällig in dieser Strophe sind die nun gehäuft auftretenden dionysischen Topoi, das Element des Tanzes, der erotisch entblößten Brüste sowie der anwesenden Tiere. Diese Verse lassen sich zum einen als sich erinnerndes allegorisches Durchleben der sexuellen Vereinigung mit Peter deuten, haben jedoch gleichzeitig das Potential, als Verweis auf Demeter zu wirken, die als eine der möglichen Mütter des Gottes Dionysus gilt.

2.4.3 Funktionsanalyse

Fünf Funktionen lassen sich den Versen des fünften Kapitels zuordnen:
Die Figur des Landarztes wird deutlich in einem kritischen Licht dargestellt. Er bemerkt nicht die sprachliche Metaebene, die im Versabschnitt vorhanden ist, obwohl diese durch die Unangemessenheit der Sprache – man bedenke, ein schüchternes Mädchen spricht vor einem erwachsenen Akademiker von ihren Brüsten! – doch sehr offensichtlich ist. Das Bestreben der Ich-Figur, zu einem höheren Bewusstseinszustand zu gelangen, wird nicht durch die äußeren Umstände, sondern durch die gedankliche Beschränkung des Arztes selbst verhindert. Die erste Funktion ist also die der impliziten Charakterisierung. Zum Zweiten stellt die Verseinlage innertextuelle und außertextuelle Verweise her. Innertextuell geschieht dies über die Form des Elfzeilers und die bilderreiche Sprache, über die Winkler schreibt: „Es soll ein positiv-natürliches Entzücken verdeutlichen und nimmt den Sprachstil der Schlußszene vorweg."[105] Ein konkreter Topos, der zusätzlich zum Sprachmodus die Kapitel fünf und vierzehn verbindet, ist die Aufhebung der zeitlichen Grenzen Tag und Nacht. Während Agathe von plötzlicher Helligkeit in der Nacht berichtet, herrscht kurz vor Mutter Gissons Tod „ein Mittags-

---

[104] Broch (1986), S. 263.
[105] Winkler (1983), S. 125.

himmel zu Mitternacht", also Dunkelheit mitten am Tag.[106] Wie im gesamten Roman handelt es sich auch hier um einen sympathetischen Hintergrund: Durch die ungewöhnlichen Naturerscheinungen wird die außergewöhnliche Position der beiden Figuren hervorgehoben. Agathes und Mutter Gissons verwandtschaftliche und geistige Nähe wird also in mehreren Formaspekten gespiegelt. Die dionysischen Elemente, die vor allem in der letzten Strophe gehäuft auftreten, fügen dieser Verbindung einen außertextuellen Verweis hinzu. Sie stellen den Bezug zwischen Agathe und der Erdgöttin Demeter her, deren Name der Arbeitstitel Brochs für seine Romantrilogie war. Durch den Verweis erhält Agathe, ebenso wie durch die Verbindung zu Mutter Gisson, eine exponierte Stellung unter den Romanfiguren. Dass Agathe selbst eine Parallelisierung zwischen sich und dem Kalb herstellt, das Teil einer dreifach aufgegriffenen Dreiheit ist, kann als Annahme ihrerseits des ihr an mehreren Stellen von Mutter Gisson zugewiesenen spirituellen Erbes gedeutet werden:

> ‚Der richtige Erlöser schickt immer die falschen voraus, damit sie für ihn reinen Tisch machen…erst muss der Hass kommen mit seiner Angst, dann die Liebe.'[107]
> [Landarzt:] ‚gerade deshalb seid Ihr hier nötig, noch viele Jahre…' […] [M. Gisson:] ‚Vielleicht wird's die Agathe einmal tun, so in dreißig Jahren…aber das verstehst du nicht', wurde ich abgefertigt.[108]

2.5 Mutter Gissons Tod

2.5.1 Romananalyse

Das vierzehnte Kapitel des Romans wird von Winkler zu Recht als das „epistemologisch[e] Kernstück der ‚Aufzeichnungen'" bezeichnet,[109] da in ihm das idealisierte metaphysische Gegenmodell zu Marius sowohl explizit als auch implizit ausformuliert wird. Die explizite Beschreibung erfolgt überraschenderweise durch die Figur des Agenten Wetchy, der in den anderen Kapiteln eher als Nebenfigur aufgetreten ist. In seiner Diskussion mit Marius beschreibt er, scheinbar ohne sich des Bezugs bewusst zu sein, die Grundbegriffe des von Mutter Gisson vertretenen Lebensmodells, das sich, wie bereits angedeutet, mit den religiösen Ansichten Brochs deckt:

---

[106] Broch (1986), S. 350.
[107] Ebd., S. 175.
[108] Ebd., S. 312.
[109] Winkler (1983), S. 121.

Ich weiß es nicht, ich bin ein sehr armer Mensch [...] Aber ich habe dabei gelernt, [...] daß man sich nicht an das halten darf, was man in die Hand nehmen und berühren kann, *sondern an das, was geschieht* [...] wenn man ein Kind satt machen kann und wenn es froh ist, dann...ja, dann spürt man eben das Unsichtbare.[110]

Mehrmals weist Wetchy darauf hin, dass er „[s]ich nicht so gut ausdrücken" kann. Ebenso wie Agathes stockende, minimalistische Sprechweise im Prosaabschnitt des fünften Kapitels bringt auch diese Sprechhaltung zum Ausdruck, dass beide Figuren die Ausformulierung von Begriffen ablehnen, die nach ihrem Verständnis unfasslich bleiben müssen, gedanklich wie sprachlich. Auffällig ist Agathes Antwort „vielleicht" auf eine Frage des Doktors, eine Antwort, die sie bereits im fünften Kapitel, und auch dort in einem beinahe kryptischen Kontext, gibt:

,Den Peter hast du so lieb gehabt?' ,Vielleicht den Peter', sagte sie.[111]
,Willst du zum Heidenschacht?' Sie zieht mich weiter: ,Ja...vielleicht.'[112]

Der Aufbruch des semantischen Bezugs, vor allem im ersten Satz, führt zu einer Verselbstständigung des Wortes „vielleicht", dessen Qualität unabhängig von der primären semantischen Bedeutung in den Vordergrund rückt. Gemeinsam mit den Leitlexemen „schweben" und „zittern" verkörpert diese Antwort die als ideal angesehene Unbestimmtheit als Aspekt des metaphysischen Modells.

Bezeichnenderweise ist Wetchy, der in den letzten Kapiteln unter den gewalttätigen Handlungen der Gruppe gelitten hat, mit seiner Position nun Marius im Streitgespräch deutlich überlegen. Dieser greift in unangemessenem Sprachmodus („Seine Stimme war immer schriller und hysterischer geworden")[113] immer wieder auf dieselben formelhaften Satzkonstruktionen zurück: „Weiberfeigheit, städtische Feigheit, Agentenfeigheit [...] dort thront der Berg, aus der Erde ist er entstiegen, das Blut des Opfers hat er angenommen".[114] Doch seine Worte haben keine Macht mehr über die Anwesenden, so antwortet Wetchy: „Dort...ja [...] aber ohne Seele ist dort auch nichts." und Suck stellt humorig fest: „Schön war's doch, was er da vom Berg erzählt hat [...] nur anhören kann man's nicht".[115]

---

[110] Broch (1986), S. 344. Im Original nicht kursiv.
[111] Ebd., S. 71.
[112] Ebd., S. 351
[113] Ebd., S. 342.
[114] Ebd., 347.
[115] Ebd., S. 347 f.

Während Wetchy das metaphysische Modell mit Worten auszudrücken versucht, verdeutlicht der Abschnitt um Mutter Gisson es auf formaler Ebene durch eine große Allegorie: Die Verbindung von Endlichem und Unendlichem spiegelt sich in der Verbindung von Lyrik und Prosa wieder. Die Abschnitte in gebundener Sprache, die Mutter Gisson zum Zentrum haben, stehen an der Grenze der beiden Gattungen und übertreten immer wieder spielerisch die Grenze nach der einen oder anderen Richtung. Die versifizierten Bereiche sind äußerlich nicht vom Erzähltext abgesetzt, sondern in die Dialog- und Monologsequenzen Mutter Gissons eingeflochten. Letztlich überschreiten sie sogar diese formale Grenze und weiten sich außerhalb der Personenreden auf die erzählten Abschnitte aus.

2.5.2 Formale Versanalyse

Die Abschnitte, die Merkmale von gebundener Sprache aufweisen, nämlich eine regelmäßige Rhythmisierung sowie eine erkennbare Reimform, werden in Kapitel vierzehn durch zwei besondere Textformen vorbereitet, die in den Haupttext eingebettet sind. Zum einen sind dies Sätze im Prosatext, deren rhetorische Mittel nicht mehr nur einen Teil des Satzes betreffen, sondern die Form des ganzen Satzes prägen. In den folgenden drei Beispielsätzen sind dies die Mittel Parallelismus, Anadiplose und Anapher.

1. *„es ist wie heute, und es ist wie niemals, und es ist wie ewig…"*[116]

2. *„Das Echo der Wände singt Schweigen, und Schweigen singt des Echos Quell aus der Tiefe. So träumt das Sterben, und in seinen ruhenden Wellen spiegeln sich die mittäglichen Sterne"*[117]

3. *„Weder Tag, noch Nacht, weder Wissen noch Nichtwissen, weder Vergessen noch Erinnerung. Beides."*[118]

Auffällig ist die Zunahme abstrakter Bilder, wie beispielsweise die Personifikation im zweiten Beispielsatz: „So träumt das Sterben". Diese Figuren sind, ähnlich wie die Verse Agathes, nur noch assoziativ verstehbar, sie dienen eher der Stimmungserzeugung als dem Transport von

---

[116] Broch (1986), S. 356.
[117] Ebd., S. 357.
[118] Ebd., S. 360.

Information. In der Schwerpunktverschiebung der Relevanz vom Inhalt zur Form stellen die Sätze eine Annäherung an die lyrischen Abschnitte dar. Diese Wirkung wird zudem unterstützt durch das verstärkte Auftreten von Binnenreimen im Prosatext, wie im folgenden Satzteil: „Da schaut die Mutter freundlich auf. Und wieder ist's, als hemmt' die Zeit den Lauf".[119]

Die zweite Gruppe, die sukzessive die lyrische Form vorbereitet, besteht aus Abschnitten, die zwar nicht über ein bestimmbares Metrum oder Reime verfügen, jedoch regelmäßig fünf Hebungen pro Zeile aufweisen, wie der folgende Abschnitt:

-Irmgard, hörst du, was die Vögel zu dir sprechen? sie flattern
hinüber und herüber, und ihre Grenze ist leicht. Hörst du die
Blumen? sie wachsen hinüber und herüber, und sie haben keine
Grenze...[120]

Als ein Merkmal für die Nähe zur Lyrik lässt sich neben den Hebungen die offenbar bewusste Setzung der Zeilenumbrüche werten. Diese stellen bildlich in der lyrischen Form des Enjambements die inhaltlich beschriebene Grenzüberschreitung dar. Gleichzeitig drückt sich dieses Thema allegorisch in der gesamten Texteinheit aus, die eine Grenzform zwischen Prosa und Lyrik darstellt.

Auf der Ebene des gesamten Kapitels haben beide Gruppen die Wirkung, durch ihre besondere Gestalt die Distanz zwischen Prosatext und lyrischem Text zu verringern und spiegeln in dieser Zusammenführung das zentrale Thema des Kapitels wider, nämlich die erfolgreiche Verbindung der irdischen mit der transzendenten Ebene durch die Figur Mutter Gissons.

Die folgenden beiden Textabschnitte heben sich aufgrund ihrer regelmäßigen Rhythmisierung und den auftretenden Reimen vom sie umgebenden Prosatext ab, beziehungsweise entstehen organisch aus der bereits beschriebenen, sich abzeichnenden Sprachentwicklung im Verlauf des Kapitels:

---

[119] Broch (1986), S. 362.
[120] Ebd., S. 353.

„[...] Du schaust die Zeit,

ihr Quell ist zeitenferne, und zeitenfern kehrt sie zum Quell

zurück, ein Himmelsschacht, in dessen tiefster Erde, dir selber

Quell und Mündung, deine Seele ist.

[...] Denn nur im Bilde deiner

Irdischkeiten siehst du das Licht, zu dem du heimwärts strebst,

und wäre nicht dein irdisch ruhig Schreiten, der Himmel wäre

nicht, in dem du ruhend schwebst."

„[...]Kein Schreiten ist das Glück

und auch kein Fahnden, kein Spähen ist es nach Unendlichkeit,

unendlich ist es, ohne End' vorhanden, und über alle Grenzen

seligweit ist es das Ganze grenzenloser Welt, die silbern über

ihre Ränder fällt, in Silberhimmeln fallend aus dem Überfluss,

des dunklen Beckens dunkler Quellenkuss."

Zur besseren strukturellen Erfassbarkeit will ich hier beide Abschnitte nochmals in versifizierter Form angeben, die sich aufgrund der Regelmäßigkeit der rhythmischen Einheiten leicht ermitteln lässt:

I. (versifiziert)

„Du schaust die Zeit, ihr Quell ist zeitenferne,

und zeitenfern kehrt sie zum Quell zurück,

ein Himmelsschacht, in dessen tiefster Erde,

dir selber Quell und Mündung, deine Seele ist.

[...] Denn nur im Bilde deiner Irdischkeiten

siehst du das Licht, zu dem du heimwärts strebst,

und wäre nicht dein irdisch ruhig Schreiten,

der Himmel wäre nicht, in dem du ruhend schwebst."

II. (versifiziert)

„Kein Schreiten ist das Glück und auch kein Fahnden,

kein Spähen ist es nach Unendlichkeit,

unendlich ist es, ohne End' vorhanden,

und über alle Grenzen seligweit

ist es das Ganze grenzenloser Welt,

die silbern über ihre Ränder fällt,

in Silberhimmeln fallend aus dem Überfluss,

des dunklen Beckens dunkler Quellenkuss."

In dieser Form lassen sich die beiden Abschnitte leicht formal analysieren. Es handelt sich bei der Versform um Endecasillabi, den Hauptvers der italienischen Dichtung.[121] Die italienische Entsprechung des französischen ‚Vers commun' zeichnet sich, wie der Name schon sagt, durch seine obligatorischen elf Silben aus, mit einer Hauptbetonung auf der vorletzten Silbe. Die deutsche Version des Endecasillabo ist daher immer jambisch. Es besteht zudem eine relativ flexible Zensur im Inneren des Verses, in der Regel nach der vierten oder sechsten Silbe. Die hier vorliegende Variation aus alternierenden Kadenzen, also Zehn- und Elfsilblern, entspricht einer relativ jungen Entwicklung um 1900. Sie findet sich vor allem in den lyrischen Werken Stefan Georges, Georg Heyms und Georg Trakls wieder.[122]

Auch für diese Einheiten werde ich weiter die Begriffe ‚Strophe' und ‚Vers' verwenden, auch wenn es sich bei der hier angegebenen Darstellung um eine künstliche Umformung handelt. Neben der Wiederauffindbarkeit einzelner Stellen dient die Darstellungsform und die Bezeichnungen im vierzehnten Kapitel auch der besseren Erfassbarkeit formaler Strukturen, da diese in ihrer ursprünglichen Gestalt zwar erkennbar, aber nicht unbedingt augenfällig sind.

Die Konstruktionsweise beider Strophen ist ein leitmotivisches Aufgreifen und Verknüpfen aller für das metaphysische Modell relevanten Begriffe und den damit evozierten Vorstellungen. In der ersten Strophe wird der Bereich des transzendenten Zustandes als „zeitenfern" charakterisiert, eine konkrete Bezugnahme auf das aktuelle Romangeschehen, in dem der Erzähler ebenso ein Zerfließen des Zeitgefüges beschreibt: „Und wieder ist's, als hemmt die Zeit den Lauf".[123] Ergebnis des transzendenten Zustandes ist die Verbindung der getrennten Bereiche Diesseits und Jenseits („Himmelsschacht" V. 3). Beide Phänomene, die Verbindung

---

[121] S. Burdorf (1997), S. 89.
[122] Metzler Lexikon Literatur (2007), S. 189.
[123] Broch (1986), S. 362.

von Vergangenheit und Zukunft, sowie der Zustand der Zeitlosigkeit, sind wieder Vorstellungen, die Broch auch in seinen kunstphilosophischen Schriften explizit beschreibt:

> Denn erst in der Vereinigung von Vergangenheit und Zukunft wird der Einheitsraum immerwährender Gegenwart geschaffen, nach dem die Seele sich sehnt und in den sie eingehen will, weil in ihm das Zeitlose und daher sie selber ruht.[124]

Dieser Zustand wird, in Übereinstimmung mit allen bereits herausgearbeiteten Aussagen im Prosatext, nur durch das intensive Erleben und Reflektieren der diesseitigen Erfahrungen erreicht: „nur im Bilde deiner Irdischkeiten" (V. 5). Die zweite Strophe hat Appellcharakter: Aufbauend auf der Beschreibung der ersten Strophe warnt sie davor, den transzendenten Zustand erzwingen zu wollen. Diese Warnung wird durch eine dreifache Negation verstärkt: „Kein Schreiten [...] kein Fahnden, kein Spähen" (V.1 f.).

Die Darbietung dieser Inhalte erfolgt auf einer sehr abstrakten Ebene, vor allem über zahlreiche Metaphern: So steht das Bild vom „Quell der Zeit" (V. 1) für ein Zentrum des Wissens und Lebens, das „Bild der Irdischkeiten" (V. 5) bezeichnet alle weltlichen Eindrücke und das „irdisch ruhig Schreiten" ist ein bereits konventionalisierter Topos, der das Durchschreiten der Jahre verbildlicht. Alle diese Begriffe werden nun miteinander verknüpft: Das Bild der Quelle mit dem Begriff der Seele (V.4), der Verlauf des menschlichen Lebens mit dem Modus des Strebens durch die Wiederholte Verwendung des Begriffs „Schreiten" (Str.1 V.7, Str.2 V.1), der Begriff des Irdischen mit dem Jenseitigen: „das Ganze grenzenloser Welt [...] in Silberhimmeln" (Str.2, V.5,7). Das Konzept des Wiederaufgreifens findet sich auch im Stilmittel des Parallelismus und der Repetitio wieder, so in den Anfangs- und Schlussversen der zweiten Strophe. Dabei werden nicht nur miteinander bereits gedanklich verwandte Begriffe verknüpft, wie in der ersten Strophe ‚Quell', ‚Seele' und ‚Licht'; ein weiteres wichtiges thematisches Feld ist die Zusammenführung von Gegensätzen. Für dieses werden naheliegenderweise die Stilmittel des Oxymorons („Himmelsschacht"), sowie der Contradictio in adjecto („ruhend schwebst") verwendet. Aber auch figurenlose Verse verbinden Gegensätzliches, so in den folgenden, logisch kaum mehr encodierbaren Versen der zweiten Strophe: „ist es das Ganze grenzenloser Welt,/ die silbern über ihre Ränder fällt,/in Silberhimmeln fallend aus dem aus dem Überfluss/des dunklen Beckens dunkler Quellenkuss." In diesen Versen wird einerseits die mystische Bedeutung des Regens als eines Elements der Verbindung zwischen menschlicher und göttlicher Sphäre wiederaufgegriffen, auf die Mutter Gisson bereits in Kapitel zwölf hinweist: „„Durch

---

[124] Arendt (1955), S. 243.

keinerlei Blut werde ich erlöset' antwortete die Erde, ,der Regen des Vaters senkt sich herab […] sein Wissen ist die Regenwolke seines Atems."[125] Gleichzeitig wird aber durch die unmittelbare Wiederholung des Verbs ,fallen' eine Verschmelzung zwischen dem Bild der über die Ränder quillenden Erde und dem aus dem Himmel fallenden Regen hergestellt.

Beide Prinzipien, das Wiederaufgreifen und Verquicken bekannter Kernbegriffe sowie die Synthese scheinbar gegensätzlicher Bezeichnungen dienen der Versinnbildlichung des vermittelten Inhalts, nämlich dem Postulat, dass eine Verbindung zwischen der in dem weltanschaulichen Modell als Voraussetzung angenommenen Sphären irdisch und überirdisch möglich ist. Die zahlreichen rhetorischen Mittel erzeugen dabei rezeptionsästhetisch eine Qualität der Diffusität, die Michael Kessler bereits im Titel des Romans angelegt sieht:

> Eben darin bekundet sich das Phänomen ,Verzauberung' – selbst ein Oszillationsphänomen in dem ihm eigentümlichen Schwanken zwischen ,verhext' und ,bezaubernd'-, und deswegen ist der Titel des Buches […] durchaus treffend.[126]

2.5.3 Funktionsanalyse

Ähnlich wie die Verseinlagen in Kapitel fünf haben auch die beiden Strophen in Kapitel vierzehn eine deutlich ästhetische Funktion. Der kreative und innovative Umgang mit sprachlichen Mitteln, die in organischer Weise die Inhalte verdeutlichen sowie die gelungene Rhythmisierung sind deutliche Anzeichen hierfür. Vor allem im Vergleich mit den anderen Verseinlagen des Romans ist der fließende Leseeindruck auffällig, da nur in den Versen des fünften und vierzehnten Kapitels Vers- und Wort- oder Satzakzent zusammenfallen. Damit ist zu begründen, dass die zweite Strophe des vierzehnten Kapitels, die aus einem langen, hypotaktischen Satz besteht, weniger konstruiert wirkt als die die oft parataktischen Verse der Dorfbewohner und der Marius-Anhänger. Auffällig ist auch, dass keine Wortverkürzungen und abwegigen syntaktischen Umstellungen zugunsten des Reims vorgenommen werden. Die Verseinlagen des Agathe- und Mutter Gisson-Kapitels heben sich damit von den anderen Verseinlagen des Romans ab: Das Marschlied, das Schmählied sowie das Mariedl-Lied lassen keine ästhetische Dimension erkennen, die Gebete des Steinsegens und die Gesänge der Bergkirchweih können diese aufgrund formaler Mängel nicht erreichen, obwohl beispielsweise in den Bildern der Steinsegen-Verse Ambitionen erkennbar sind. In Bezug auf die Rezepti-

---

[125] Broch (1986), S. 275.
[126] Kessler (1998), S. 232.

onswirkung handelt es sich bei diesem formalen Gegensatz erneut um unterschwellige Sympathielenkung: Der Leser eines beinahe vierhundert Seiten starken Romans mit nicht leicht zugänglichem Sprachstil hat, so ist anzunehmen, selbst einen gewissen ästhetischen Anspruch und wird deshalb den Verseinlagen der Kapitel fünf und vierzehn stärker zusprechen als denen der übrigen Kapitel.

3. Funktionen der gebundenen Rede

Im Folgenden möchte ich aus den kapitelspezifisch formulierten Funktionen werkübergreifende Funktionen der Verseinlagen ableiten. Die Darstellung folgt dabei dem Prinzip steigender Spezifik und Relevanz: Ausgehend von primären und allgemeineren Funktionen, die sicher auch Wirkungsweisen von Verseinlagen anderer Werke entsprechen, geht die Beschreibung hin zu Funktionen, die die außergewöhnliche Verwendung der Verseinlage als Textform in der *Verzauberung* beschreiben.

3.1 Akzentuierung

Auf der primärsten Ebene kennzeichnen die Verseinlagen des Romans Textabschnitte, die für den Handlungsverlauf und das Konzept der Gesamthandlung zentral sind.

In Agathes Gespräch mit dem Landarzt wird die zukünftige Position der Schwangeren als spirituelle Leiterin in der Nachfolge Mutter Gissons vorausgedeutet. Das Kapitel des Steinsegens stellt den Beginn der Verwicklung Irmgards in die kultischen Rituale dar, die schließlich zu ihrem Tod führt. Gleichzeitig werden in dem Kapitel die Angriffspunkte an der aktuellen religiösen Praxis für die Ideologie des Marius deutlich. Die Gesänge während den Bergöffnungen offenbaren inhaltlich und formal die Widersprüchlichkeit der Ideologie des Marius. Das Eindringen in den Berg mit dem Ziel der „Quelle" lässt sich zudem in eine bedeutungsvolle Verbindung zu dem metaphysischen Modell des Textes setzen, die in Kapitelpunkt 3.3 besprochen wird. Die Bergkirchweih stellt den Höhepunkt der ‚Verzauberung' der Dorfbewohner dar, deren Verlauf schließlich zum Opfertod Irmgards durch den Schlachter Sabest führt. Mutter Gissons letzte Äußerungen vor ihrem Tod eröffnen, ebenso wie die von Agathe geäußerten Verse, über ihre Form eine Alternative zu der von Marius und Wenzel entworfenen Ideologie.

3.2 Charakterisierung der Figuren und Denkmodelle

Mit Hinblick auf die spezifische Erzählform haben die Verseinlagen des Romans eine wichtige Funktion: Sie bedeuten ein Aufbrechen der Fokalisierung auf den Erzähler. Die Darstellung der Handlung ist stark durch die im Großteil des Romans vorherrschende Perspektive geprägt, beinahe jede Episode erhält - rückblickend oder innerhalb der Binnenerzählung - eine Wertung des Erzählers. Da jedoch die Ich-Figur durch ihre schwankende Weltsicht nicht als konstante Identifikationsfigur angelegt ist, können die Kommentare des zwar strukturell stark angelegten Erzählers nicht per se als Leserlenkungen gewertet werden.

Die Verseinlagen stellen eine alternative Form der Sympathielenkung des Rezipienten dar. Sie wirken mit dieser der Wankelmütigkeit des Erzählers entgegen, weil ihre impliziten Wertungen der Figurengruppen konstant bleiben. Fallen die impliziten Wertungen der Versabschnitte und die Wertungen des Erzählers zusammen, wie dies vor allem im sechsten Kapitel der Fall ist, so können sie die subjektiv empfundene Position des Erzählers stärken. Vor allem im Kapitel der Bergkirchweih jedoch lassen sie denselben in einem kritischen Licht erscheinen, da er die den Versen entnehmbaren Informationen nicht als solche erkennt und sein Urteil über Marius und seine Ideologie unstet bleibt. Eine Besonderheit der Charakterisierung über die Verseinlagen, das wird vor allem bei den Textstellen des Steinsegen-Kapitels und bei dem Marschlied deutlich, ist ihre indirekte Wirkungsform. Durch diese charakterisieren und lenken sie, wenn es sich nicht um einen stark reflektierenden Leser handelt, für diesen unbewusst. Auch die Erzählerkritik im zwölften Kapitel ist eine Textaussage, die sich erst bei genauerer Auseinandersetzung mit den Versen offenbart. Im Gegensatz zum Erzähler, der seine Werturteile und auch sein Schwanken in diesen Urteilen offen darlegt, haben die Verseinlagen eine beinahe suggestive Wirkungsart.

3.3 Die lyrische Form und das metaphysische Konzept Brochs

Um die zentrale Funktion der Verseinlagen in Brochs *Verzauberung* zu formulieren, muss auf die abstrakten Themen im Roman sowie auf einige Aspekte der Weltanschauung des Autors eingegangen werden, die bereits an verschiedenen Stellen ansatzweise beschrieben wurden.

Die Kernproblematik, um die das Denken des Erzählers in zahlreichen Reflexionssequenzen kreist, ist die Sehnsucht der Menschen nach der Verbindung von Irdischem mit Überirdischem. Diese Thematik stellt einen Bezug zur gedanklichen Richtung der Mystik her, einer epochenübergreifenden religiösen Ausrichtung, die „die […] verstandesmäßige Erkenntnis übersteigende Vereinigung mit dem Göttlichen,

die ‚Unio mystica'" als zentrales Thema innehat. Die Sehnsucht nach dieser Einheit drückt sich im Vokabular des Doktors durch das Wortpaar ‚Endlichkeit' und ‚Unendlichkeit' aus, in Marius' Ideologie in dem Bild der Verbindung von Himmel und Erde. Zwei weitere zentrale Sinnbilder in der Ideologie Marius' sind das Gold im Berg, sowie die Quelle im Berg, zu der es die Bergarbeiter in Kapitel dreizehn unwiderstehlich hinzieht:

> Wissen Sie, Herr Doktor [...] wenn man im Stollen singt, gibt es kein Echo, wenn man aber
> bis zum Mittelpunkt des Berges gelangen könnte, dorthin, wo das reine Erz liegt, dort müsste
> die Quelle des Echos sein, das man draußen hört...und dorthin haben wir gewollt.[127]

Alle diese Bilder und Handlungen drücken das Bestreben aus, die Verbindung mit einer transzendenten Ebene herzustellen, die als Zentrum der Lebensweisheit verstanden wird. Diese jedoch über konkrete Handlungen und künstliche geistige Konstrukte anzustreben, ist nach Brochs religiösem Verständnis ein Irrweg, da nach ihm eben „[i]n jedem Wertesystem [...] der höchste Wert undefinierbar" bleibt, eine für das Mystische typische Denkweise, aus der jedoch das „Sprachdilemma" entsteht, „dass mystische Rede eine paradoxe Vermittlung von Unmittelbarkeit anstrebt".[128] Einfacher formuliert: Wie kann ein Text ein metaphysisches Modell entwerfen, wenn ihm durch seine Grundausrichtung die genauere Beschreibung der Teilaspekte selbigen Modells untersagt sind? Für die Lösung dieser Problematik ist die Funktion der lyrischen Abschnitte von großer Bedeutung.

Doch verweilen wir noch kurz bei den Figuren. Eben dieser mystischen Vorstellung entsprechend weist Mutter Gisson Marius' Ideologie, die, wie an zahlreichen Stellen deutlich wird, nur auf seinen besonderen rhetorischen Fähigkeiten gründet, als unrichtig zurück:

> Die Angst des Mannes ist die Dunkelheit [...] und alle Sehnsucht gilt dem fernen Licht, dem
> unsichtbaren, immer nur erahnten, das bloß im Bild und Aberbild den Schein der Helle hinter-
> lässt, so groß sein Glanz, daß keines Menschen Auge es je erspähen wird, kein künftiges Ge-
> schlecht.[129]

Die Kritik Mutter Gissons und des Doktors an der Ideologie Marius' erscheint aus Rezipientensicht zunächst fragwürdig, vor allem im Hinblick auf die Ähnlichkeiten der weltanschaulichen Konstrukte von Marius, Mutter Gisson und dem Erzähler. So bedienen sich alle drei Figuren einer bilderreichen, abstrakten Sprache mit Assoziationen an religiöses Vokabular, um eine Ideologie in der Form eines Naturkultes zu entwerfen. Der Landarzt hat, das geht aus seinen Reflexionen hervor, häufig ähnliche Ressentiments gegen die technische Entwicklung in den Städten wie sie auch Marius äußert und ist auch in Bezug auf andere Bereiche immer wieder verführt, seinen Sichtweisen zuzustimmen („Ist es nicht der genialische Urgrund alles Mensch-Seins, der in der Sprache des Irren zum Ausbruch kommt?"[130]). Auch Mutter Gisson ist nicht widerspruchslos positiv dargestellt. Sie bringt, ebenso wie der Doktor, dem Agenten

---

[127] Broch (1986), S. 318.
[128] Metzler Lexikon Literatur (2007), S. 521.
[129] Broch (1986), S. 361.
[130] Ebd., S. 212.

Wetchy und dessen Familie eine rational nicht begründbare Abneigung entgegen, die dieser allem Anschein nach nicht verdient hat. Wie lassen sich diese Ähnlichkeiten mit den unterschiedlichen Wertungen in Einklang bringen, die der Text implizit eindeutig beinhaltet? Hierzu ist eine Erklärung Brochs zu seinem religiösen Konzept erhellend, die er in dem Aufsatz *Das Böse im Wertsystem der Kunst* gibt:

> Es ist innerhalb eines jeden Wertesystems ein völlig identisches festzustellen, das Zug um Zug mit dem originalen übereinstimmt und doch dessen Gegenteil ist. [...] Es ist die Maske des Antichrist, der die Züge des Christ trägt und dennoch das Böse ist.[131]

Der einzige Unterschied zwischen der falschen Lehre des Marius und der richtigen Lehre Mutter Gissons liegt darin begründet, dass Marius, statt das Vorhandensein des Göttlichen in der Natur zu spüren, es durch konkrete Handlungen erzwingen will, nämlich über das Ritualopfer und die Bergöffnung. Ihre Sehnsucht und auch ihre Denkweise, eine Mischung aus Rationalität und Irrationalität, verbindet alle drei Hauptfiguren, doch nur Mutter Gisson entspricht in positiver Weise Brochs religiösem Modell, während Marius, durch eine auf den ersten Blick geringfügig wirkende charakterliche Abweichung, deren völliges Verfehlen repräsentiert. Nach dem Einsturz des Stollens erkennt der Erzähler diesen Gegensatz und sieht zum ersten Mal deutlich die von Marius entworfenen, sehnsuchtsbehafteten Bilder als Irrweg:

> Das Bild eines unterirdischen Sees, in dessen Mitte der Quell des Echos aufsteigt [...] vereinigte sich seltsam mit dem Bilde der Höhe [...], mit dem Bilde des Äthersees [...] und es war *wie eine letzte Verlockung.*[132]

Später, noch im selben Kapitel, versucht der Erzähler eine Beschreibung eines alternativen Weges zu einer transzendenten Verbindung, das dem zwanghaften Streben nach Transzendenz das demütige Erkennen des Jenseitigen im Diesseitigen entgegenstellt:

> Nimmer können wir höher gelangen als zu jener schwebenden hohen Mitte [...] das Jenseitige im Diesseitigen öffnend: dies ist die Wohnstatt der Heiligen, die ihr menschliches Leben leben und doch dem Göttlichen zugewandt sind -, wohin auch immer ihr Blick fällt, da ist ihnen die Erde hoch und erhaben, wohin immer sie horchen, da erklingt ihnen der Spiegelgesang des Echos.[133]

---

[131] Arendt (1955), S. 133 f.
[132] Broch (1986), S. 326. Im Original nicht kursiv.
[133] Ebd., S. 321.

Die Formen aller Verseinlagen des Romans lassen sich aufgrund dieses Hintergrundes nun sinnvoll deuten: Sowohl die christlichen Gesänge während des Steinsegens als auch die pseudo-religiösen Gesänge der Bergkirchweih weisen das Streben nach einer bestimmten Form auf, die jedoch mangelhaft und unnatürlich bleibt, weil auch das jeweilige ideologische Konstrukt allein durch die Qualität des Strebens unnatürlich und mangelhaft ist. Der versifizierte Abschnitt Agathes löst sich größtenteils von dem Korsett einer Form: Die Sprache kann ihrem eigenen Rhythmus entsprechend fließen, die Grenze zwischen Lyrik und Epik rückt hier näher zusammen. Auf diese Weise versinnbildlichen die Verse den emotionalen Gehalt der ‚Unio mystica'. Da sie ihn jedoch nur in ihrer Form vermitteln und nicht dezidiert bezeichnen, lösen sie das erwähnte sprachliche Dilemma der Unaussprechbarkeit.

Auch inhaltlich lassen sich Abschnitte der Verseinlage vor diesem ideologischen Hintergrund nun schlüssiger deuten:

> „Würde man es bei der Mutter lassen, so würde sich die Mutter
> „Von dem Kälbchen leer trinken lassen.
> „Es muss alleine schlafen.“
> „Und auch die Mutter schläft allein. Doch immer
> „Wendet sie den Kopf nach dem Kinde.“

Die Trennung zwischen Göttlichem und Irdischem wird in dieser allegorischen Beschreibung als notwendige dargestellt, gleichzeitig wird jedoch die Spürbarkeit der göttlichen Zuwendung im Diesseits postuliert („Doch immer…“).

Beide Figuren also, Agathe und Mutter Gisson, repräsentieren das religiöse Modell Brochs, das mit den traditionellen Aspekten der Mystik Überschneidungen aufweist. Während jedoch in Agathes Kapitel ihr Gespür für das Transzendente noch stärker über Beschreibungen aufgezeigt wird: „Ihre Gedanken sind anderswo, nirgendswo, sind bei einem Glück, das sie nicht denken kann“, stellen die Verse Mutter Gissons bildlich die tatsächliche Umsetzung der idealisierten Verbindung beider Ebenen dar, in der Loslösung der Sprache von ihrer semantischen Seite hin zur Klangqualität, in der das Übersinnliche nach Broch ausdrückbar wird. Sie verwirklicht insofern noch starker das Gebot der Abwendung von konkreter Sprachverwendung.

Das Ideal des Überganges, des Schwebenden, Diffusen, das einen Antipoden zu dem von Broch abgewerteten Streben nach Metaphysischem in konkreten Begriffen darstellt, kann, bei der Berücksichtigung aller Aspekte des gedanklichen Modells, einzig gelungen durch die Form der Verseinlage ausgedrückt werden.

III. Fazit

Im *Metzler Lexikon der Weltliteratur* beschreibt Vollhardt die Konzeption der *Verzauberung* übereinstimmend mit der Perspektive eines Großteils der Forschung wie folgt:

> Im Genre des Heimatromans beschreibt B. unter Verwendung mythischer und mythenkriti-
> scher Bilder in parabelhafter Form die zerstörerische, sich bis zum Ritualmord steigernde
> Wirkung einer regressiv-irrationalistischen Ideologie [...] mit der ein einzelner die Bewohner
> einer Dorfgemeinschaft seinem demagogischen Einfluß unterwirft. [...] [D]ie *Verzauberung*
> [gehört] zum Typ des antifaschistischen Romans[134]

Die vorliegende Analyse hat jedoch gezeigt, dass eine Deutung des Werks als allegorisch angelegter antifaschistischer Roman, so naheliegend diese Auslegung auch scheinen mag, einen zu engen Horizont eröffnet und zentrale Aspekte des Werkes unberücksichtigt lässt. Eine rein historisch-soziologische Deutung vernachlässigt, dass Broch in der *Verzauberung* sowohl inhaltlich als auch ästhetisch ein ideologisches Konstrukt entwirft, das in großen Teilen keine konkreten Bezüge zur Zeitgeschichte aufweist. Diesem Modell liegen auch nicht die Antipoden rational versus irrational zugrunde, wie dieses Zitat impliziert - eine vereinfa-chende Deutung des Romans als mythoskritisch, wie sie in einigen Forschungstexten vorge-nommen wird, ist selbst nach einer oberflächlichen Lektüre der theoretischen Schriften Brochs nicht mehr haltbar. In diesen müssen Rationalität und Irrationalität mit dem Ziel der Erkenntnis stets zusammenwirken.

Die *Verzauberung* ist weniger eine allegorische Darstellung der Geschichte, als vielmehr die einer philosophischen und poetischen Weltsicht, die Broch als zwingende logische Folgerung aus den gesellschaftlichen Umbrüchen ansieht:

> [M]öge die Wertzersplitterung noch weiter fortschreiten, der Welt-Alltag in noch größere
> Verwirrung geraten [...] die Erkenntnis ist es, die immer wieder [...] in jeden Wertzerfall und
> Wertverfall, erscheine dieser noch so hoffnungslos, die Kraft zur Umbildung in neue Ordnun-
> gen legt, den Keim zu einer neuen religiösen Ordnung des Menschen, und eben weil dem so
> ist, ist es der Dichtung verwehrt, sich ihrer Aufgabe zu entziehen, [...] ethische Aufgabe der
> Erkenntnis, die umso größer wird, je mehr der in der Dunkelheit der Wertvernichtung befan-
> gene Mensch sich ihr verschließen will, denn an ihrem Ende ist der neue Mythos sichtbar, der
> aus einer neu sich ordnenden Welt erwächst.[135]

---

[134] Metzler Lexikon der Weltliteratur. 1000 Autoren von der Antike bis zur Gegenwart. Band 1. Hg. v. Axel Ruckaberle. Stuttgart 2006.
[135] Arendt (1955), S. 210.

Sie ist als solche auch der logische Anschluss an die Schlafwandler-Trilogie, in der vor allem die Darstellung des Wertzerfalls im Mittelpunkt steht.

Aus den kunsttheoretischen Schriften und den korrespondierenden Aspekten des Romans hat sich gezeigt, dass Brochs religiöses Verständnis die Form einer Individualreligion besitzt, die eine Mischung aus bereits bestehenden Vorstellungen (wie das Gebot „Du sollst dir kein Bild von Gott machen" in der Abwandlung als Verbot der Begriffskonkretisierung hoher Werte) mit individuellen Sichten Brochs darstellt. Zentrale Begriffe dieser Individualreligion sind das Erkennen des Meta-physischen im Irdischen, sowie die Simultanität aller Perspektiven als Werkzeug der Totalitätsdarstellung. Die Dichtung ist nach Broch dadurch mit der Religion verbunden, dass sie wie diese nach einer Totalität in der Wahrnehmung und damit auch in der Erkenntnis strebt:

> Denn alles Religiöse greift nach der Totalität der Erkenntnis, alles Religiöse weiß von der Kürze der menschlichen Existenz und sucht diese kurze Existenz mit der Totalität der Erkenntnis zu erfüllen. Neben dem wahrhaft religiösen Menschen und dem Dichter steht immer der Tod, ein Mahner, das Leben mit letzterreichbarem Sinn zu erfüllen.[136]

Durch diese charakterliche Verwandtschaft zwischen dem religiösen Menschen und dem Dichter begründet sich die Übernahme der zentralen religiösen Begriffe auf die Dichtung: Sie soll den metaphysischen Zustand repräsentieren und die Simultanität, aus der dieser hervor- und mit dem dieser einhergeht, darstellen. Dies geschieht in der Verzauberung vor allem durch die von James Joyce im *Ulysses* etablierte Technik der Verbindung verschiedener Sprachstile und Denkmodelle, von Broch als „Verschlingung von Symbolketten" bezeichnet.[137] Letztlich soll die Simultanität sogar in der Verbindung der Gattungsformen verwirklicht werden, sodass

> die althergebrachten Darstellungsformen, also die epische, die lyrische, die dramatische zur Einheit verschmolzen sind […] [und] mannigfachst variiert werden, in Transformationen, die vom wissenschaftlichen Ausdruck bis zum homerischen ansteigen".[138]

Aus dieser Vorstellung heraus ist die besondere Form der lyrischen Einlagen im fünften und vor allem im vierzehnten Kapitel zu erklären. Der kunstvoll gestaltete Übergang zwischen lyrischen und epischen Abschnitten repräsentiert einen zentralen Aspekt des Brochschen Denkkonzepts, die Einlösung des religiösen und dichterischen Totalitätsanspruchs durch die

---

[136] Arendt (1955), S. 205.
[137] Ebd., S. 192.
[138] Ebd., S. 190.

Form der Simultanität. Zahlreiche Zitate aus Brochs theoretischen Schriften könnten als Beleg für die besondere Stellung dienen, die der Autor dem ‚Lyrischen' innerhalb seines Konzeptes zuweist – allerdings, wie bereits in Kapitelpunkt eins erläutert, nur selten in einem Kontext, der die Verwendung des Begriffs eindeutig als gattungstheoretischen beweist. Einer der seltenen Abschnitte, der tatsächlich das Lyrische als Gattungsbezeichnung nahelegt, findet sich in dem Essay *Die mythische Erbschaft der Dichtung*:

> [J]edes Kunstwerk [...] stellt die Totalität eines Weltausschnittes dar, und im besondern gibt – sehr simplifiziert gesprochen - das lyrische Kunstwerk die Totalität
> eines Augenblicks, das dramatische die eines Charakterkonfliktes, das novellistische die einer Situation, das Roman-Kunstwerk aber die Totalität eines Menschenlebens wieder [...] [I]m Lyrischen ist das Erwachen der Seele verborgen, der mystische Weckruf, von dem die Seele den Befehl empfängt, die Augen zu öffnen, um kraft solch eines Augen-Blicks und in ihm den Zusammenhang des Seins zu schauen, zeitlos."[139]

Der Begriff des ‚Weckrufs' ist in diesem Zitat zentral: Das Lyrische zeigt nicht selbst „den Zusammenhang des Seins", sondern regt die Seele dazu an, diesen selbst zu schauen. Durch diese von Broch zugeschriebene Wirkungsform löst sie das Dilemma, das Köbele zu Recht jeder Dichtung zuschreibt, die mystisch wirken, also eine „die [...] verstandesmäßige Erkenntnis übersteigende Vereinigung mit dem Göttlichen" darstellen will, wie dies in der ‚Unio mystica' Mutter Gissons im vierzehnten Kapitel der Fall ist. Die lyrischen Abschnitte lösen das Problem der Unaussprechbarkeit, indem sie die höhere Ebene über ihr „Dasein als Musik ganz durchsichtig, ganz hell erahnen" lassen.[140]

Diese Ausführung hat die Funktion beschrieben, die ich als Hauptfunktion der lyrischen Einlage in Brochs Roman bezeichnen würde. Sie bezieht sich hauptsächlich auf die Verse der Kapitel fünf und vierzehn, allerdings in negativer Weise auch auf die übrigen Kapitel, insofern, als diese durch ihre Form eben keine transzendente Wirkung erreichen und somit das aus der Perspektive von Brochs Theorie mangelhafte philosophische Konstrukt offenbaren, dass ihnen zu Grunde liegt. Dass die Verseinlagen auch nachgewiesenermaßen Funktionen außerhalb des ästhetischen Modells besitzen, denen ich eher den Status von Nebenfunktionen geben würde, sei dadurch nicht in Frage gestellt. Besonders auf der Ebene der Erzähltechnik und der Figurencharakterisierung beeinflussen die Verseinlagen den Gesamttext auf interessante Weise.

---

[139] Arendt (1955), S. 241 f.
[140] Ebd., S. 243.

Nach dieser Legitimation der eigenen Thematik soll abschließend, wie im Vorwort angekündigt, aus der gewonnenen Erkenntnis heraus nochmals der Blick auf die Forschung geworfen werden. Wie zu Beginn des Fazits erwähnt, wählen zahlreiche Forscher einen historischen Deutungsansatz. Als Beispiele seien hier die jüngeren Beiträge *The politics of sacrifice: Hermann Broch's critique of fascism in ‚Die Verzauberung'* und *Die Psychologie der Sehnsucht nach dem Anschluß: zum massenpsychologischen Faschismusmodell in Hermann Brochs Roman ‚Die Verzauberung'* erwähnt.[141] Aber auch Vollhardts Definition im *Metzler Lexikon der Weltliteratur* belegt diese Schwerpunktsetzung, die vom Ende meiner Arbeit aus sowie im Hinblick auf den werkgeschichtlichen Kontext kritisch gesehen werden kann. Bereits an den *Schlafwandlern* wird deutlich, dass Broch keine dokumentarische Literatur schafft, sondern modellhafte Handlungen und Charaktere (man denke zum Beispiel an den Philosophen Dr. Müller aus dem letzten Band der Trilogie) als Hilfsmittel für eine – innerhalb der Entwicklung des modernen Romans als konventionell zu wertende – gezielte Leserlenkung nutzt. Brochs Erzählweise ist, im Gegensatz zu der vieler Zeitgenossen, intentional, und verbirgt dies auch nur geringfügig.

Ein Problem für die Forschung stellt die Komplexität der *Verzauberung* dar, die vor allem durch die zahlreichen inhaltlichen und formalen Anspielungen und Verweise entsteht. So müssen viele Untersuchungen, die ihre Themenstellung nicht eindeutig genug abgrenzen, durch ständige Exkurse und Abschweifungen unübersichtlich werden. Als Beispiel sei hier Lothar Köhns Aufsatz *Tod und Auferstehung: Hermann Brochs Roman ‚Die Verzauberung'* in *Rücksicht auf ‚Huguenau'* genannt, dessen Autor zwar ausführlich verschiedene mythische Quellen untersucht und den Roman in Beziehung zu seinem werkgeschichtlichen Kontext setzt, sich aber scheinbar nicht mehr intensiv genug dem Quelltext selbst widmen konnte, was zu inhaltlich falschen Schlüssen führt. So bezeichnet Köhn Irmgard als „Tochter […] der machtlosen Gegenfigur Rattis, der Mutter Gisson."[142] Abgesehen davon, dass Irmgard die Enkelin und nicht die Tochter Mutter Gissons ist, widerspricht die Bewertung dieser als „machtlos[e] Gegenfigur" dem Primärtext an zahlreichen Stellen:

[141] Mack, Michael: The politics of sacrifice: Hermann Broch's critique of fascism in ‚Die Verzauberung'. In: Orbis litterarum 55 (2000). S. 15-36.
Meister, Jan Christoph: Die Psychologie der Sehnsucht nach dem Anschluß: zum massenpsychologischen Faschismusmodell in Hermann Brochs Roman ‚Die Verzauberung'. In: Austrian writers and the Anschluss. Hg. v. Donald Daviau. California, 1991.
[142] Köhn, Lothar: Tod und Auferstehung: Hermann Brochs Roman ‚Die Verzauberung' in Rücksicht auf ‚Huguenau'. In: Momentum dramaticum. Hg. v. Linda Dietrick. Waterloo, 1990. S. 196.

War es nicht, als ob Mutter Gisson in der Dunkelheit lächelte? sie [sic], die allein hier um den Tod wusste? Was konnten Worte wie Glaube, Reinheit, Gerechtigkeit für sie bedeuten, da ihr Glaube stets das konkrete und starke Leben gewesen war […] Mutter Gisson hatte sich erhoben […] Die Leute starrten sie an und wichen langsam vor ihrem Blick zurück, sogar der Marius konnte dem Blick, der ihn getroffen hatte, konnte dieser Schwere nicht standhalten.[143]

Weiter stellt Köhn fest: „Während Huguenau mit dem Bajonett eines Gewehrs zustach […] mordet der Metzger Sabest mit einem Steinmesser". Besagter kultischer Gegenstand befindet sich jedoch die ganze Handlung über in den Händen von Irmgards Vater, der es jedoch nicht über sich bringt, seine Tochter zu opfern. Seine Selbstanschuldigung bei der polizeilichen Vernehmung, er habe seine Tochter umgebracht, führt eben im Hinblick auf dieses Steinmesser zu Erheiterung:

,Womit willst du denn das angestellt haben?' Es dauerte lange, bis Miland mit einer unbestimmten Geste auf die Feuersteinspitze hinwies […] und da wurde nun das Gelächter freilich allgemein, […] denn Lax entgegnete: ,Ach so … mit einem Hosenknopf wäre es noch besser gegangen.' Und da ich in meinem amtsärztlichen Gutachten auch zu Protokoll geben konnte, daß die Wunde einwandfrei von dem Schlächtermesser verursacht worden war, wurde von Milands Reden überhaupt nicht mehr Notiz genommen.[144]

Derartige Fehler lassen den Schluss zu, dass es im Fall der *Verzauberung* nötig ist, klare, eng gehaltene Themenstellungen für Untersuchungen zu formulieren. Diese können, in der Form eines Mosaiks, zutreffende Blickwinkel auf den Roman ermöglichen und sich schließlich zu einem schlüssigen Gesamtverständnis zusammenfügen. Aus dieser Überzeugung heraus ist auch die vorliegende Arbeit entstanden. Zahlreiche Stellen hätten Anlass zu Einschüben und Exkursen von der zentralen Fragestellung gegeben, die ich jedoch aus Gründen der argumentativen Stringenz nicht wahrgenommen habe.

Ein großer Teil der Sekundärliteratur wertet die *Verzauberung* als nicht gelungenen literarischen Versuch ab:

[Es] ließe sich unschwer nachweisen, daß der Bergroman dem theoretischen Entwurf des Autors auf einen neuen dichterischen Mythos hin kaum gerecht wird, da er im Gegensatz zu seinem erkenntnistheoretischen Anspruch bedenkliche Züge einer bloß negativen und utopisch-regressiven Haltung trägt.

---

[143] Broch (1986), S. 280 f.
[144] Broch (1986), S. 284.

Broch ist an diesen Aporien ebenso verzweifelt wie an der eines zugleich symbolisch „offe-
nen" und ethisch definitiven Kunstwerks. Sein Gesamtwerk legt von dieser Verzweiflung, von
diesem Scheitern auf mannigfache Weise Zeugnis ab.

Das dem Roman zugrundeliegende metaphysische Konzept Brochs inhaltlich zu bewerten, ist
meiner Auffassung nach Aufgabe einer philosophischen, nicht einer literaturwissenschaftli-
chen Untersuchung.

Aus letzterer Perspektive lässt sich im Hinblick auf die Verseinlagen feststellen, dass diese
zwar durch ihre ungewöhnlichen Gestaltungsweisen nicht unmittelbar eingängig und ihre
Funktionen nicht in ihrem ganzen Umfang ohne Hintergrundwissen erschließbar sind, sie
nach einer Einarbeitung jedoch Wirkungsweisen offenbaren, die auf schlüssige Weise den
Gesamttext stützen und in Bezug auf den kunsttheoretischen Hintergrund sogar in einzigarti-
ger Weise das zugrundeliegende Denkmodell veranschaulichen.

Literaturverzeichnis

Werkausgabe

Broch, Hermann: Die Verzauberung. In: Kommentierte Werkausgabe, Band 3. Hg. v. Michael Lützeler. Vierte Auflage. Zürich 1986.

Monographien

Bachleitner, Norbert: Form und Funktion der Verseinlagen bei Abraham a Sancta Clara. In: Mikrokosmos. Beiträge zur Literaturwissenschaft und Bedeutungsforschung. Band 15. Hg. v. Wolfgang Harms. Frankfurt 1985.

Burdorf, Dieter: Einführung in die Gedichtanalyse. Zweite Auflage. Stuttgart 1997.

Loos, Beate: Mythos Zeit und Tod. Zum Verhältnis von Kunsttheorie und dichterischer Praxis in Hermann Brochs Bergroman. Frankfurt a.M. 1971.

Schneider, Jost: Einführung in die Roman-Analyse. 2. Auflage. Darmstadt 2006.

Sammelbände

Briefe I (1913-1938). Dokumente und Kommentare zu Leben und Werk. Hg. v. Michael Lützeler. Frankfurt 1981.

Briefe. Gesammelte Werke Band 8. Hg. v. Robert Pick. Zürich 1957.

Brochs *Verzauberung*. Hg. von Paul Michael Lützeler. Frankfurt 1983.

Dichten und Erkennen. Essays Band I. Hg. v. Hannah Arendt. Zürich 1955.

Aufsätze

Kessler, Michael: Oszillationen. Über die Motorik von Konstruktion und Dekonstruktion am Beispiel von Hermann Brochs Roman *Die Verzauberung*. In: Hermann Broch. 1998. S. 225-241.

Köhn, Lothar: Tod und Auferstehung: Hermann Brochs Roman ‚Die Verzauberung' in Rücksicht auf ‚Huguenau'. In: Momentum dramaticum. Hg. v. Linda Dietrick. Waterloo, 1990. S. 190-201.

Mahlmann-Bauer, Barbara: Euripides' *Bakchen*, ein Prätext für Brochs Bergroman *Die Verzauberung*. In: recherches germanistiques. Hermann Broch: Religion, Mythos, Utopie. Zur ethischen Perspektive seines Werks. Straßbourg 2008. S. 75-118.

Mansour, Julia: „Auf dem goldenen Grund aller Finsternis" – Erkenntnis-, Handlungs- und Seinsgründe in Hermann Brochs *Die Verzauberung*. In: Monatshefte für deutschsprachige Literatur und Kultur 100 (2008). S. 88-106.

Schmidt-Dengler, Wendelin: Hermann Brochs Roman *Die Verzauberung* (1935). In: Ohne Nostalgie. Hg.v. Schmidt-Dengler, Wendelin. Wien 2002. S. 141-157.

Allgemeine Nachschlagewerke
Die Musik in Geschichte und Gegenwart. Sachteil 9. 2. Auflage. Hg. v. Ludwig Fischer. Kassel 1998.

Metzler Lexikon der Weltliteratur. 1000 Autoren von der Antike bis zur Gegenwart. Band 1. Hg. v. Axel Ruckaberle. Stuttgart 2006.

Metzler Lexikon Literatur. Hg. von Dieter Burdorf, Christoph Fasbender, Burkhard Moennighoff. 3. Auflage. Stuttgart 2007.

Verwendete Bibelausgabe
Die Bibel. Einheitsübersetzung Altes und Neues Testament. Herder-Verlag, Stuttgart 1980.